品悟成功书系◎钻石珍藏版◎高 英编著

人性改一改 人气百分百

中国长安出版社

图书在版编目（CIP）数据

人性改一改 人气百分百／高英编著．—北京：中国长安出版社，2013.4

ISBN 978-7-5107-0599-1

Ⅰ．①人… Ⅱ．①高… Ⅲ．①人际关系－通俗读物 Ⅳ．①C912.1-49

中国版本图书馆 CIP 数据核字（2013）第 081784 号

人性改一改 人气百分百

高英 编著

出版：中国长安出版社

社址：北京市东城区北池子大街 14 号（100006）

网址：http：//www.ccapress.com

邮箱：capress@163.com

发行：中国长安出版社　　全国新华书店经销

电话：010-85099947 85099948

印刷：北京欣睿虹彩印刷有限公司

开本：1/16

印张：16.5

字数：250 千字

版本：2013 年 9 月第 1 版　　2013 年 9 月第 1 次印刷

书号：ISBN 978-7-5107-0599-1

定价：32.00 元

前言

可以说，每一个人的成长、成功都是在人际交往中完成的，甚至一个人的喜怒哀乐也和他的人际关系息息相关。在现实生活中，人们往往会发现有些人很有才华和能力，却经常失败，其重要的原因是缺乏好人缘。人际关系专家曾从多个不同的角度做了大量地研究，结果发现：一个人越是懂得人际关系，就越能适应社会，其人生成就也会越大。

那么，该如何获得良好的人脉关系呢？其实很简单，人性改一改，人气百分百。因为一个人的人格魅力能产生一种吸引力，会让身边的人产生敬佩；让自己在群体中获得景仰；让别人不由自主地喜欢你，接受你的观点和主张。

一句话，你若想要拥有好的人脉，就必须做好自己，展现出自己的人格魅力。

古代的祢衡，虽然饱读诗书，精于韬略，但因为击鼓骂曹操，被曹操怀恨在心，推荐给刘表，最终被喜怒无常的刘表杀死。

由此可见，没有好脾气，即使才华横溢，也只会落得个悲惨的下场。

曾经，有一个年轻人在下雨天赶到一家公司面试。进门前，他尽力将雨伞上的水弄干，又在门口的脚垫上仔细地擦了擦脚底的泥水，进门后他把雨伞轻轻倚在门口的墙上，然后向面试官鞠躬问好。经过半个多小时的问答后，年轻人起身告辞，并为自己在雨天来访所带来的麻烦表示道歉。公司这次招聘一共对七十多人进行了面试，他们的条件都很不错，有的有大企业的工作经验；有的有学校的推荐信。但最后录取的却是这位条件并不出众，在雨天面试的年轻人。

确定结果后，面试官的助手不解地问主管："那个年轻人既缺少经验，又没有学校的推荐信，您为什么偏偏录取他呢?"

主管笑了，说："谁说他没有推荐信，他的礼貌就是最好的推荐信!"

年轻人有礼的举止，使他在七十多个应聘者中脱颖而出，受到了考官的青睐。可见，礼貌对人的影响是非常大的。

人际交往中，促使人与人之间相处和谐的最好资本就是有个不错的本性。它代表尊敬、尊重、亲切、体谅等意义，同时也表现出个人修养。

人的良好的本性，能够让人妥善地处理人际关系，拥有完美地解决事情的习惯和能力。简单地说，就是会做人。具有良好性格的人处理事情不急不躁，井井有条；对待朋友热情诚恳，左右逢源；看待事情冷静客观，有真知灼见；面对挫折勇敢坚韧，百折不挠。一个拥有良好本性的人，必有好能力、好前途、好人气。

很多时候，我们无法改变事实，但可以改变心情；无法控制他人，但我们可以控制自己的情绪。不管面对多么让你讨厌的人，只要我们改一改自己的脾气、性格，就会获得超强的人气。这，就是本书的主旨。

是为序，以敬读者诸君。

目录

第一章 人气决定成败，人气成就未来

在美国有这样一句流行语："一个人能否成功，不在于你知道什么，而是在于你认识谁。"在我国也有这样一句俗话，"在家靠父母，出门靠朋友"。两者其实都道明了同一个道理：人要想获得成功，就必须能获得足够的人气。

人气是强大的竞争力 002
人际关系是一笔无形的财富 004
好机遇不如好人气 006
储蓄人际关系是最划算的投资 009
有人气的人才会受重视 011
成功需要关系网 013
多个朋友多条路 016
有人气就有财脉 018
人脉可载人，人脉也可覆人 020
人缘体现人的综合素质 022
人气中的"人脉网"让你成功 024
圈子决定你的未来 026
有"贵人"相助，事业容易成 029
让自己成为受欢迎的人 031
好的人气让你不再"单打独斗" 032

第二章　改变外在形象，赢在第一印象

一个形象邋遢、说话语无伦次的人，不可能给予他人较好的第一印象，这往往就会成为一个人拥有良好人际关系的阻碍。所以，时刻注重给人们留下完美的第一印象，会让更多人喜欢上你。

形象是一个人人气的资本　036
看看你的外表能吸引多少眼球　038
衣着不得体，难有好人气　040
拥有品味，交际才会上档次　042
聚集人气要注重内在形象的修炼　045
让外在魅力为你的人气加分　046
彬彬有礼可增添你社交的人气　048
举手投足有风采，社交场合有人气　051
“视线接触”中的人气学　053
肢体语言是无声胜有声的语言　055
不雅的体态动作是一种无礼　058

第三章　修炼性格，好人气源自好性格

一个人是不是交际场上的焦点，不在于其受教育程度的高低，也不在于他社会经验的丰富与否，关键在于他能否准确识别并全力发挥自己性格的优势。

牛顿说：“尽管人们把性格看成是先天的，但它仍旧是自我修养的结果。我们不可能生来就固定了某种性格。可近、可亲、富有魅力的性格，是靠自己慢慢培养起来的。”的确如此，好的性格是后天培养出来的。为了将来拥有好的人气，且让我们从培养好性格做起吧。

健全的个性是成功人生的基石　062
为性格中的优点与缺点定位　064
人格魅力让你有好人缘　066

好人气，就是以赤诚之心做人 068
夸夸其谈让你没有人气 070
善用“和”字处理问题 073
讨人喜欢，不妨情淡似水 075
和善比愤怒与暴力更有力量 077
谦虚使你的影响更深厚 079
偏激使理性沦丧 081
嫉妒是人气的毒药 083

第四章 控制好情绪，脾气好人气才好

你无法改变事实，但你可以改变心情；你无法控制他人，但你可以控制自己的情绪。哪怕是遇见让你讨厌的人，遇到让你烦心的事，只要学会了掌控情绪的正确方法，你的人气就会与日俱增。

不做在办公室哭泣的女生 088
耍小性子等于自毁人气 090
与其抱怨别人，不如做好自己 092
暴躁会将人际关系“搞砸” 095
有微笑你就会有人气 098
与人发生冲突是人气的大忌 102
控制自己，从容应对上司的指责 104
愤怒是处世的祸首 105

第五章 宽以待人，心襟宽的人人缘广

一个人朋友的多少是由他的心胸决定的。要是你觉得身边的人这也不是、那也不妥，一直为别人的过错或缺憾而生气，这样，就不可能交到太多的朋友。因此，当我们在与人相处时不能斤斤计较，要学会用宽容之心对待他人。

让仁爱宽容为你的形象加分　110
人气伤不起，得理更要“饶人”　112
使人畏不如使人愧　114
人气等于饶人　116
不要太伤人，宽容是最好的教化　118
让步为高，宽人有福　120
忠恕待人，养德远害　122
宽广胸襟，无忧也无恼　124
为人不要太计较　126

第六章　沟通有术，好人气是说出来的

古人说：“修己以清心为要，涉世以慎言为先。”此话不无道理，语言是传达感情的工具，也是沟通思想的桥梁。

一句话能把人说跳，一句话也能把人说笑。要想有旺盛的人气，就应该掌握与人沟通的艺术。

好语气招来好人气　130
说话要看准对象才会有人气　132
把握分寸，言谈得体　136
口无遮拦人气淡　138
争论让你失去人气　141
人际交往需要真诚的谎言　143
能说不如会听　145
好谈吐换来好人缘　147
直言最容易伤人气　150
带着厚道评论人　152
央求不如婉求　154
好话不在人前说　155
议论别人先想想自己　157

第七章　八面玲珑，善处世者左右逢源

俗话说：“取象于钱，外圆内方。”圆是为了减少阻力，方是立世之本。做人就要实际一点，为了适应社会的发展需要，就要像古代铜钱一样：“边缘”要圆，要懂得随机而变；对周围的环境、人物，假如有看不惯处，不必棱角太露。

用一句话概括，那就是——处事不必与俗同，亦不宜与俗异，做事不必令人喜，亦不可令人憎。

外圆内方穿行职场　162

放弃固执，适时变通　164

揣摩他人的秉性，灵活与之相处　165

不要忽视“小人物”　168

一定要重视“边缘人”　169

不要临时抱佛脚　172

平等待人，一视同仁　174

做人不能太死板　176

做人要考虑别人的感受　178

演好你的人缘角色　180

第八章　做人低调，谦逊为人讨人喜欢

不论你学历有多高、本事有多大、资格有多老，都不要自以为是，到处显派头。聪明的人懂得低调才有好人脉，因此他们总是会把架子收起来，用低调去赢得他人的心，从而为自己赢得良好人脉关系，增强自己的气场。

最有理的拒绝也要弯着腰说　184

“低调”走遍职场，“高调”寸步难行　186

犯错未必是罪，认错不收税　189

及时道歉，就能快速化解人际危机　192
为上者弯下腰身，为下者留下忠心　195
“倚老卖老”，名节不保　197
没人喜欢趾高气扬的人　199
炫耀自己讨人嫌　201
不要显得比他人聪明　203
把握表现尺度，就会获得赞赏　205

第九章　人品至上，唯有诚心才能换来众心

人若不守信用，就像车子无法行走；人不讲信用，也就不能在社会上站得稳。一个诚实的人，不论他有多少缺点，同他接触时，心神会感到清爽。这样的人，一定能有超强的人气。这是因为以诚待人的人，别人也会以诚相见。

从朋到友　210
宽厚待人，表里如一　212
有“礼”走遍天下，无“礼”寸步难行　214
人气要的是“人忠”　216
与人为善才能处处“逢缘”　217
做人不要太“精明”　219
敢承担错误者受人欢迎　222
责任心让你成为圈里的核心　224
品格是人生的王冠和荣耀　227
感恩之心让你赢得人气　228
厚道做人，大气做事　232
为自己建立起牢不可破的名誉　235
修名不如修德　236
慈悲是化解仇根的良药　238
谦虚处世，隆重之德　240

第一章

人气决定成败，人气成就未来

在美国有这样一句流行语："一个人能否成功，不在于你知道什么，而是在于你认识谁。"在我国也有这样一句俗话，"在家靠父母，出门靠朋友"。两者其实都道明了同一个道理：人要想获得成功，就必须能获得足够的人气。

人气是强大的竞争力

所谓竞争力就是相对于专业知识的竞争力，它是一个人在人际关系网络上的优势。当今社会告诉人们，一个人气强的人，他拥有的人际关系资源相对比一般人更广、更深。在平时，人际关系资源可以让他快速地获取有效的信息，进而转换成工作升迁的机会或财富；而在危急或关键时刻，它也往往可以发挥临门一脚的作用，使人转危为安。

据现任义清创新科技总经理的杨裕兴观察，在新竹科学园区，很多工程师都将心力放在技术研发上，而忽略了与人的互动，缺少相应的个人竞争力。

杨裕兴说，专业与人际关系竞争力是一个杠杆相乘的关系，假如只有专业，没有人际关系，个人竞争力就是“一分耕耘，一分收获”，但若加上人际关系，个人竞争力将是“一分耕耘，数分收获”。

高科技产业成长快速，机会也很多，如果工程师们永远不打开另一扇门，不听听别的声音，闭门造车，自己不但可能面临“技术落后，被时间淘汰”的风险，并且将无法晋升管理阶层，更无从探知将技术、市场与行销各领域整合的规律，因此，其发展也将受到限制。

如今，人们一谈到人际关系，许多人都认为这是“讲人情、走后门”的同义词。很多学校教育也只重视专业技能，而忽略人际关系的教育，形成所谓“知识的巨人，人际的白痴”的现象。

哈佛大学为了解人际能力对一个人成就的影响，曾经对贝尔实验室顶尖研究员做了调查。他们发现，被大家认同的杰出人才，专业能力往往不是重点，关键在于“顶尖人才会采用不同的人际策略，多花时间与那些关键时刻可能对自己有帮助的人物结交良好的关系，这样在面临问题或危机时便容易化险为夷”。

哈佛学者研究发现：一位普通的研究人员遇到棘手的问题时，会努力去请教专家，之后却往往因苦候没有回音而白白地浪费时间。顶尖人才则很少碰到这种问题，这是由于他们在平时就已经建立丰富的资源网，一旦有事请教专家，便能立刻得到答案。

假如你生来没有富爸爸，也没有娶到富家女或嫁给金龟婿，那么，你还有第三个扭转命运的机会——打造你的人际关系竞争力。

在你的“人生存折”中，除了金钱、专业知识，你有多少人际关系资源呢？你的“人际关系竞争力”有多强呢？未来，你打算让这个存折变成怎样的数据库呢？

如今，在一片“专业至上”的社会氛围中，这是一个很另类的问题。对于这个问题，几乎多数人的反应都是“没想过”。

身经百战的投资专家、台湾所罗门美邦财务顾问董事长杜英宗则肯定地说：“人际关系，是一门人生的大学问，很重要。”

台湾的益登科技，由于代理全球绘图芯片龙头厂商的产品，从默默无闻的无名小卒，迅速跻身为中国第二大集成电路代理商。公司总经理曾禹旖在六年内，打拼出一家市值逾新台币80亿元的公司。

曾禹旖的老朋友吴宪长说：“在同业或同辈当中，论聪明、论能力，曾禹旖都不能算顶尖，但是，他能遇到这个好运，八成以上的因素在于他的人际关系。因为他很愿意与别人分享，大家才会与他利益共享，机会之神也才会眷顾他，而不是别人。”

凌航科技董事长许仁旭，也深有同感。他回忆道：“凭我这样的学历，要进台积电或任何一家科技公司当业务，谈何容易啊！但现在我进来了，一切都是靠朋友的介绍。”

专门为企业提供人力资源顾问的美商惠悦企管顾问公司副总经理周淑媛分析：“过去，企业招募人才时，专业知识、学习能力都是首要的条件，但在十倍速的知识经济时代，技术、知识迅速更新，仅靠一个人的力量是无法完成任务的。如果一个人懂得培养人际关系网络的支持体系，他的个人竞争力将得到强化。”

在哈佛商学院进行的一项领导能力调查中，人们发现：

管理人员的时间平均有75%花在处理人际关系上；80%的企业60%以上的开支用在人力资源上；管理者所定计划能执行与否，关键在于人。

由此可见，无论何时何地，一个社会，一个国家、地区，一个团队，最大、最重要的财富是人。对于我们个人而言，人际关系资源同样重要。假如你想获得事业的成功，那就尽早编织自己的人际关系网。因为，有人气，才能有更好的竞争力。

品悟人生

假如没有良好的人际关系，一个人即使再有知识，再有技能，也得不到施展的空间。

人际关系是一笔无形的财富

25岁是一个人干事业的大好时期，然而张正与却在这个时候下岗了。在刚下岗的那段日子里，张正与很苦闷。他也想干一番事业，但没有积蓄，看着很多同龄人飞黄腾达，张正与不免有些沮丧，每天除了看些闲书就是到处会朋访友。由于人品好，心地善良，经常帮助朋友介绍对象，一对对互不相识的男女相爱成家，每当一个新的家庭组建起来时，张正与便成了这个家庭的贵客，大家都对他赠钱以示谢意。这样，不但自己的收入不断增多，而且建立了庞杂的社会关系网。

有一次，他的银行账户上很奇怪的多了5万元，这触发了他在这个领域开家公司的念头。由于张正与平时就很注重与他人的关系，所以口碑极好，经过数年努力，张正与的公司获得了巨大成功。

人际交往是人生一笔巨大的无形财富，没有人际交往的人将一生与贫穷做伴。因此，滚滚红尘中，每个人都要找到自己的关系，并且以得到一个重要关系为终生追求的目标，这个重要关系就是我们平时所说的知己。

通过建立、维护朋友关系可以产生交情，人情是人际交往中产生的情感友谊。这是一种特殊的美好的感情。在很多情况下，人们的交情可以转化为一种办事能力，促进事业的发展。可以说，朋友关系也是一笔财富。

比尔先生喜得贵子，几天后却又愁眉不展。原来比尔和妻子葛莉亚都是教师，住的是租来的一间小阁楼，以前尚能维持，现在有了孩子再也不能凑合了。比尔决定自己盖房子，可哪来的地呢？再说买地也需要一大笔钱啊！

经过寻访，比尔看中了城南的一块放牧地。地是属于92岁的退休银行家尤先生的，他在那里还有许多土地，但从不出售。每次有人想向他买地时，他总是回答说，我答应那些农夫让他们来这里放牛。比尔知道要买这地很难，但还是决定碰碰运气。比尔来到尤先生的办公室，一切如想像中的一样，尤先生非常固执。但尤先生听到比尔姓盖瑟后，睁大了双眼，突然问了一句：你跟格罗弗·盖瑟可有联系？比尔说，他是我祖父。

尤先生让比尔第二天再去他的办公室。

第二天，事情出现了戏剧性的变化：尤先生不但态度非常和善，而且把城南6公顷土地全卖给了比尔，而且只卖7.5万美元，仅仅是市价的1/3。原因只有一个，比尔的祖父老盖瑟，在当地是一个人所共知的乐于助人、待人和善、正直不阿的农夫。

比尔的祖父老盖茨与当地其他人的关系非常好，形成了良好的声誉，而这，就是一种变相的财富，因为这种财富远超过金钱本身，所以才可以让比尔只花了很少的钱就买了那块土地。这件事情表面上看是尤先生把土地廉价处理给比尔，实则是比尔的祖父已经预付了大部分的

"金钱"。

在商界，非常成功的商人都非常注重维持与他人的友谊，因为他们知道，这才是获取财富的关键所在，所以他们很注意在同行中树立自己的威信，很注意去拓展自己的关系圈。

在本文开头所讲的那个例子，张正与尽管暂时失业了，但是财富依然滚滚而来，就是因为张正与总是热心帮助他人，与他人的关系非常好。

真正通向富足的道路，是珍惜我们身边相遇的每一个人，珍惜与我们身边每一个人的关系。

我们每个人都要珍惜自己和他人的关系，做人的时候要多关注与他人的关系，因为关系就是财富，有时会给你意想不到的收获。

品悟人生

俗话说"在家靠父母，出门靠朋友"，多一个朋友就多了几分能量和智慧，也多了一份帮你分担痛苦、分享快乐的源动力，依靠你的朋友那是你一生也用不尽的财富。

好机遇不如好人气

施伟进公司不过一年半就由一名小小的业务员做到了业务经理，这简直是有点不可思议。是因为施伟的业绩特别突出吗？不，比他业绩好的还有很多，其实老总看重施伟的原因挺复杂的，但主要的一点是：施伟人缘好！人缘好就是凝聚力，便于团队协作，这一点对于业务部门尤其重要。施伟为人谦逊，整天乐呵呵的，对人没架子，跟公司里每个人关系都不错。自从施伟当上业务经理后，也没见他为了业务骂过员工，但业务部的业绩却是越来越好，业务部也变得特别团结。总结会上，老总高兴的当即决定给施伟加薪。

施伟凭借着自己的人气，从一名业务员一跃而成为了业务经理，可以说人缘对他的影响是巨大的。生活中，一个人如果能处理好自己的人际关系、拥有一个好人缘，那么他开创成功未来的几率就会加大，有时候好人缘甚至比机遇和才能更容易让你走向成功。

戴维·丁·马赫尼虽然年轻，但他所做的每一件事皆是拥有好人缘而获得成功的。目前，他已经拥有一家属于自己的广告代理公司了。他与广告界发生关系，是从服务于纽约著名的广告公司路斯莱思开始的。当他准备出来自己创业时才27岁，那时的他已是公司的副总经理，手里掌握着该公司最大的两家客户，同时，他的年薪是十万美元，由于公司具有十足的发展潜力，因此他的前途也很光明。

但是，他仍然希望能拥有一家自己的公司，他认为“打铁须趁热”，再不开始展开抱负，可能要坐失许多良机！于是，就在27岁那年，他辞去了令人羡慕的显职，而投身于自己的事业。很多朋友都为戴维感到担心，因为这个时候广告业竞争激烈，除了实力雄厚的大公司外，很多中小广告公司都是摇摇欲坠。在这个时候办广告公司可实在不是个好时机，然而戴维没有退缩，他过去的一些交际关系派上用场了。

通常来说，广告业界比其他行业更重视个人交际，更重视人缘，甚至可以说广告业就是建立在人际关系上的，要靠交际才能得以维持。一家广告代理公司建立之初，最重要的课题就是如何才能获得顾客，此时，公司职员们过去的个人交际便能产生极大作用。

戴维曾经是许多公司的代理者，信誉卓著，各方面关系都不错。所以，他的公司一开业，便有厂商指名要他代理，这使他的公司的业绩蒸蒸日上。

五年后，他的公司已雇有35名职员，全美各地都有他们的客户，其中足以维持公司业务的大客户共有15家之多。他本身所具备的专业知识及其说服力皆是他成功的重要保障。

戴维就这样利用好人缘“赢取”着成功，但他是否从此就满足而不再前进了呢？

当然不是。据说，他后来又创办了一家俱乐部，该俱乐部是同业友人聚会的场所。凡是会员，业务上有任何疑问或困难，都可以在俱乐部公开提出讨论或在会员间彼此交换意见。俱乐部的会员中，有一流的出版业者、广播业者、广告业者等等，几乎都是社会上的精英分子。

戴维本身在进行某一新企划之前，也会在俱乐部征求各方面专家的意见，他对于在那儿讨论出的结论极有信心与把握。在那里，他认识的人越来越多，人缘越来越好，事业也跟着水涨船高，越做越大了。

可以说戴维之所以能迅速成就自己的事业，很大程度上都得益于他的好人气。也许他没有碰到好机遇，但他良好的人际关系弥补了这个缺欠。如果戴维不是与各方面人员都有良好的关系的话，那么他的广告公司就很难在激烈的竞争下生存发展。

这里还有一个反面的例子：

刘甲毕业于某名牌大学计算机专业，在计算机方面极具才华。他对自己的能力也非常自信，常说自己是“本科的学历，硕士的水平”。华东某软件开发公司慧眼识珠，把他从众多的应聘者中挑选出来，在和他做了一番深谈之后，公司老总更是对他大加赞赏，甚至直接把开发一款中型游戏软件的任务交给了他。刘甲是非常幸运的，他的大多数同学都还在当程序员或普通的系统工程师，他却可以担当大任，主持开发游戏软件，刘甲也决定抓住这次机遇，大干一场。一段时间后，老总从香港开完会回来，询问项目进展情况，刘甲却满脸委屈地向老板抱怨起来，“那些人到底是什么意思？他们都不配合我的工作！真人模特一个换过一个，动作设计迟迟不出来，系统方面不合作，这工作怎么做的下去?”公司老总大为震惊，这是公司以前从未出现过的问题，他马上召来了除刘甲之外的开发组成员了解情况。第二天，他面色凝重地把刘甲叫到自己的办公室，“年轻人，你的才华出众，真的很让我喜欢！可是你知道开发组的工作人员对你是怎么评价的吗？他们说你自私霸道、不通人情事理，每个人都不喜欢你！你该知道团队合作对一个公司的重要性，我不能为你一个人犯众怒，所以非常遗憾，我必须把你撤换下来，调到别的位置，我希望你能认真地考虑一下和别人相处的问题，那很重要！”刘甲谢绝了公司老总的调职，离开了这个本来可以让他大展拳脚的公司。

刘甲本来拥有一次绝好的发展机遇，但却因为人缘不好而失去了它，这实在是非常可惜。其实生活中很多刚踏入社会的年轻人都存在这方面的问题，他们过分强调个人才能，强调发展机遇，但对人际关系却不够重视，结果他们往往在与成功只差一步的地方惨遭滑铁卢。

品悟人生

要想迅速成就一番大事业，你就必须努力拓展自己的人际关系，有了好人缘，你就能把握住机遇，发挥出你的才能。

储蓄人际关系是最划算的投资

“储蓄人际关系”说起来有些“现实”，有“利用、收费”的感觉，但若从另一个角度来看，和别人建立良好的人际关系、培养人缘本来就有这样的好处，不能光用“现实”的眼光来看；而你的好人缘必定会成为你这一生中最珍贵的财富、事业的最大助力。

有一位出版商，他平时就很注意人际关系的建立，不论是大人物还是小人物，他都会竭尽所能地与他们建立关系。有一次，他听说某位作家家里出事急需用钱，虽然两人并未谋面，但这个出版商还是主动找到作家，很干脆地借给他两万元钱，这位作家非常感动，从那以后，不但经常把自己的稿子交给他，还给他介绍了许多作家。有的人搞不懂他这样做是为什么，他却笑着说：“我呀，是在用银行存钱的方式建立我的人际关系——先存后提，有时存一万，有时存一百，日积月累下来，我就拥有了一笔庞大的财富，遇到困难时，我再把它们取出来，那时不但有本金，还有利息呢！你说这是多么好的投资！”后来，他遇到了一次严重的危机，但幸运的是许多人都向他伸出了援手，帮他渡过了难关。这样看来，他投资于人际关系的做法实在太聪明了。

这位出版商投资于人际关系虽然不像其他人投资股票、基金之类的马上可以拿到收益，但从长远来看，他的投资更高明、回报率更高。

高先生经营着一家小电器行，电器行的收入不是特别多，但高先生却工作得很开心。高先生的妻子常说高先生不是做生意的料，因为人家做生意都锱铢必较，他却大大咧咧，没有生意人的那股狠劲。比如说有一次，有一个客人跟高先生订了一批高档的灯具，还交了1000元订金，谁知道货来了以后他又不要了，这事如果换成别的商人一定会把这1000元全扣了，可高先生却把钱全部还给人家，还说就当是正常上货，以后慢慢卖吧！那个客人对高先生的做法也很意外，不好意思地说："这件事确实是我不对，还是按规矩扣订金吧！"高先生却回答说："如果你不是有难处，不会做出此等出尔反尔的事。大家都是生意人，买卖不成人情在嘛！我不能收这个订金，瞧得起我咱们就交个朋友吧！"那个客人千恩万谢地走了，妻子却拉长了脸，抱怨丈夫太傻。在平时，高先生对顾客也都是一团和气，年纪大的就主动送货，甚至上门安装，给熟识的客人抹零头……高先生做生意虽然没赚多少钱，但在当地人缘却是出奇的好。每当有人夸高先生有人缘时，高太太总要说"人缘能当饭吃吗?"不过高太太现在可不敢说这话了，因为事实证明：人缘有时真能当饭吃。一天，曾经订高级灯具却又不要的那位客人找上了门来，说要给高先生介绍大买卖。原来这位客人竟是某知名彩电的销售总监，现在他要把该省的销售代理权交给高先生，他还说"之所以要把代理权交给你，不仅是因为你曾给过我恩惠，更重要的是我看中了你的人际网络，人缘对于生意人是非常重要的。"不久后高先生拿到了销售代理权，成立了自己的公司，靠着他往日积累下来的人脉，他的生意越做越顺，销售额几度蝉联各省榜首。

从高先生的经历中，我们再一次看到了存储人际关系的重要意义。就像银行存款一样，平时少量少量地存，有急需时就可以派上用场。而别人对你的善意的回报，有时是附带"利息"的，就好像银行存款生利息那样。所以老话说"和气生财"，对人和和气气，有个好人缘，"财神"就会不请自来。

品悟人生

与别人建立良好的人际关系、培养人缘本来就有这样的好处，不能光用“现实”的眼光来看；你的好人缘必定会成为你这一生中最珍贵的财富、事业的最大助力。

有人气的人才会受重视

杨林是个勤勤恳恳的人，工作认真负责，自认属于“实力派”。然而，在单位工作了近五年却依然是个小科员，许多和他同期进单位的同事不是被外调就是被提升，只有他还在孤孤单单地坚守原位。那么，杨林为什么无法出人头地呢？其实去他们单位看看就知道了。杨林在单位里和谁都不冷不热，当然也不会去和领导沟通。同事们一起聚餐、唱KTV的活动，杨林很少参加，即使去了也是坐在一边看杂志，用手机发短信；他不愿意给同事提供帮助，自己也轻易不求助于同事……久而久之，领导和同事对他都失去了兴趣，只有分配工作时才会想起他来。他的辛勤努力，同事看在眼里也不会对他有一句赞赏，领导也不太注意到他的认真诚恳，只是觉得他工作还算负责而已，就这样，杨林尽管在勤勤恳恳地工作着，依然是个小科员。

杨林也渴望出人头地，不过他用错了方式。实力是一个人取得成功的基础，但人缘也是不可忽视的辅助力量，一个人如果只有实力，没有人缘，那他就会像杨林一样，很难获得领导的青睐，得不到出人头地的机会。所以我们应该记住这一点：实力加上好人气才能帮你走向成功。

小郑和小吴2002年大学毕业后，一起进入某单位工作。论才干，两人可以说是不分上下，但小吴嘴甜、活络、会来事儿，小郑却有点木讷。就是这一点差别，让两人的地位很快发生了变化。刚进单位时，老主任就对他们说："在我这里，你们只能通过自己的本事来取得成绩，获得晋升，歪门邪道是绝对行不通的！"两个人都有真才实学，试用阶段的工作完成的都很不错，老主任还特意表扬了他们一次。一段时间后，小吴已经不是刚进单位时的那个小吴了，他成了办公室里的大红人：单位里谁的电脑出了点问题都要喊小吴；下班后男同事拉他一起去喝酒打球；周末他腾出时间义务帮同事的孩子补习功课；知道老主任喜欢抽自制的烟卷，他特意让父亲从山里带来一捆自家种的烟叶……就这样，单位里每个人都夸小吴好，老主任也觉得小吴工作成绩好，才能出众，又不浮躁，作为年轻人，实在很难得。一年之后，老主任将小吴提拔为宣传干事，结果不但没有人非议，大家还都夸老主任是伯乐，慧眼识珠，像小吴这么优秀的年轻人早该提拔了，从此老主任更器重小吴了。小郑呢？一年多来，几乎没有什么人注意到他的存在，尽管他的能力也很不错，但因为人缘太差，他很难得到让自己充分发挥才能的机会。

小吴的成功除了因为自己确实有真才实学外，和他的好人缘也有莫大的关系。他的好人缘使他的一举一动格外受人注目，自己的优秀才能也因此得到了大家的认可，不仅如此，好人缘也为他的升迁扫除了障碍，没有人嫉妒他，没人说他的坏话，这对一个初入社会的年轻人来说，无疑是非常重要的一件事。小郑在这方面做的却很失败，他无法正确处理办公室内的人际关系，结果虽然也付出了很多努力，但却无法受到重视。

所以，在工作单位里，我们必须建立良好的人际关系，否则你就很难打入单位的核心，出头的机会也是小之又小。研究组织管理的剑桥大学勒文森博士就说得很清楚："所有的组织必定有小派系。因为，组织是由互相扶持的个人或团体共同组成的，以完成工作。"

上班族在爬升的过程中，利用人际关系可以达到个人目标，这几乎是不容争辩的事实。而你的人际网络应该是一种有组织的联络，彼此经常互换消息、接触、建议和支持。这种人际关系就是"你抓我的背，我也抓你的背”，一报还一报，彼此维持合理的平衡。

当然，光有好人缘也是不够的，你必须有真正的实力。因为工作中随时会出现各种变动，而面对变动，也就是考验实力的时候。如果你到目前为止所享有的一切全都是靠别人的赏识或关系而来，那么，从此之后，你恐怕真的前途黯淡。

卡耐基曾经说过：“一个人事业的成功，15％基于他的专业技能，85％则取决于他的人际关系。”任何时候你都要明白这样一个道理：成功的事业和好人缘是分不开的，能够积极拓展人际关系的人，就能幸运地获得成功。

品悟人生

轻视人际关系的人就是在拒绝机会；没有好人缘的人很难敲开成功的大门！

成功需要关系网

有句谚语说得好，每个人距总统只有六个人的距离。你认识一些人，他们又认识一些人，而他们又认识另外的一些人……这种连锁反应一直延续到总统的椭圆型办公室。而且，如果你仅仅距总统六个人的距离，那么你距你想会见的任何人也就只有六个人的距离，不管他是一家公司的总经理，还是好莱坞的制作人，还是你想让其加入你的团队支持你的名人。

老查威克是个非常成功的生意人，他拥有一间非常著名的房地产公司。年老后，他决定把生意交给有生意头脑的小儿子打理，自己则去地中海享受温暖的阳光。在临行前的那一段时间里，他安排了大量的聚会，不停地给小儿子介绍自己认识的朋友、伙伴。对此，他的儿子很不理解：“爸爸，您不是应该抓紧时间把您成功的秘诀传授给我吗？干嘛整天给我介绍你的那些朋友呢?”“我的孩子，你完全没有弄懂我的这番苦心”，老查威克回答说，“我现在就是在向你传授我的成功秘诀！我敢说在这个州里没有哪个人拥有像我这么多的朋友，这些朋友就是我最宝贵的财富。从年轻时起，我就很注意培养人缘，努力地打造属于我的关系网，因为我相信良好的人际关系和成功是密切相关的。我的朋友里有达官显贵、有学者、有生意场上的搭档，甚至对手，还有很多不起眼的小人物，这些年来，他们给了我许多帮助：当我还是个毛头小子时，是公司里的一个前辈鼓励我自己开公司；我的朋友文迪亚借了我一大笔钱；前任林业官给我介绍了第一笔生意；我的公司一度濒临破产时，是建筑商弗兰克·贝特挽救了我……总之，如果没有他们我就无法成功！我的孩子，现在我把他们介绍给你，希望你能够珍视这笔财富。当然，更重要的是，你也要像我一样努力打造一张适合你的关系网，把事业做的更成功。”

老查威克的成功秘诀也是很多人的成功秘诀，成功者大多是拥有庞大关系网的人。外国成功学有“友谊网”之说。认为喜欢别人又能让别人喜欢的人，才是世界上最成功的人。

人们喜欢跟他们喜欢的人做生意，而且愿意帮助他们喜欢的人。也就是说，只要你人缘好，有自己的关系网，那么你就能够更迅速地走向成功。

打造一张关系网最大的好处就是，你可以因此拥有许多机遇。

交往越广泛，遇到机遇的概率就越高。有许多机遇就是在与朋友的交往中出现的，有时甚至是在漫不经心的时候，朋友的一句话、朋友的朋友的帮助、朋友的关心等等都可能化作难得的机遇。在很多情况下，就是靠朋友的推荐、朋友提供的信息和其他多方面的帮助，人们才获得了难得的机遇。

某单位新来一位主要领导，需要配备秘书，在多人跃跃欲试、趋之若鹜的情况下，周蒙被选中了。原因就在于这位领导委托自己的一个下级陆某为自己物色秘书，而陆某和周蒙是同学和好朋友，他们都是东北某大学汉语言文学系93届毕业生。陆某自然清楚，周蒙肯定胜任秘书职位，于是就把这个同学推荐出来了。结果，领导本人满意，组织考察合格，正在为前程茫然奔波的周蒙更是欣喜若狂，因为他找到了自己适合的位置，在当时情况下当上领导的秘书，是他的心愿，也是他将来成功的一个转折点。

这个转折点的获得，关键因素是他有那么一个得到领导信任的同学。也许他想不到这个朋友会对他的成功起到多么至关重要的作用，也许他们之间彼此进行交往的时候，没想到这种交往决定了日后一个人的巨大成功，没想到这种交往就是他的机遇。因此，从这个意义上说，交往广泛，机遇就多，人不可急功近利，有许多机遇是在交往中实现的，而在初步交往中，有时人们很可能没有看到这种机遇，在这个时候，不要因为没有看到交往的价值，就冷漠这种交往。谁知道与谁的交往会带来很大的机遇呢？

有的人可能会觉得自己社交面太窄，认识的人太少，实际上，你的“关系网”远比你意识到的要广大的多。你实际拥有的网络延伸到了你每天都有联系的人之外，更多的联系包括你与之共同工作和曾经一同工作过的人们，以前的同学和校友、朋友，你整个大家庭的成员，你遇到过的孩子的父母，你参加研讨会或其他会议时遇到的人，这些人都会是你的网络成员。你的网络成员还包括那些你在网络中认识的人，以及与他们有联系的人。只要你能努力处理好与他们的关系，你也一定会找到成功的机会。

每一个成功者的背后都有另外的成功者，没有人能凭借自己一个人的力量达到事业的顶峰。

品悟人生

要想成功，就要努力地培养人缘，吸收大量对你有帮助的人和资源，构建有助于你的事业的关系网。

多个朋友多条路

多个朋友多条路。几千年来，这个道理已被无数的经验和教训所验证。人们现在说的“有关系，就没关系；没有关系，就有关系了”也就是这样一个道理。

很多人在办事不顺或四处碰壁时，往往会有这样的感触：“如果我有足够多的关系，一定可以更加顺利地完成这个工作!”因为，只要你和那些关键人物有所联系，当有事情想要去拜托他或是与其商量讨论时，你总是能够得到很好的回应。

这种与关键人物取得联系的有利条件，就是广泛的人际关系所拥有的巨大力量。其实，你编织的关系网越宽广，你做起事来也就越方便。

由此，搭建丰富有效的人际关系网络是我们成功地解决自己工作与生活中的难题，以及到达成功彼岸的重要因素。

李师傅从某钢厂下岗半年多了，如今他又上班了。令他想不到的是，这次居然是工作主动找到他的，当然这还得益于几年前王师傅结识的一位朋友。

两年前李师傅为了给孩子筹集上大学的学费，决定将自己的房子出租。在出租房子时，李师傅认识了一家房屋中介公司的李女士。在会谈中，双方商谈得十分愉快。不久，李师傅的家搬到了桥西区，与李女士的公司离得远了，双方联系得也少了。

没过多久，李师傅工作的厂子破产了，之后个人承包，李师傅也被下岗分流了，赋闲在家。一次，李师傅去桥东办事，遇到了李女士，双方聊了起来。在得知李师傅下岗在家待业后，李女士说自己的公司正在扩大，需要一个办理产权手续的员工，不知道李师傅是否愿意屈就。李师傅想，他们只是为了出租房子打过几次交道，双方又有好长时间未曾谋面，因此，认为这是一句客气话，并没有往心里去，只是口头应承着说回家考虑一下。

哪里知道，李师傅刚办好事回到家，李女士就打电话问他是否第二天就能上班。李女士说，办房产手续对于公司而言是一个重要岗位，交给陌生人不放心，李师傅是个热心肠，又是熟人，如果方便的话，可以马上上班。

第二天，李师傅就赶到李女士的公司去上班了。如今李女士的公司又扩大了，李师傅成为桥西分部经理。

李师傅深有感触地说：朋友多了路好走，这话一点也不假。

是的，在很多时候，你面临的生活问题、工作问题，单单依靠个人的力量很难解决。但是朋友多了就不一样了，朋友会出主意，出人力、物力为你解决难题。因此，世界首富比尔·盖茨说："一个人永远不要靠自己花100%的力量，而要靠100个人花每个人1%的力量。"

就职于某市一家大银行的李即铭，奉命写一篇有关某公司的资信报告。他知道一家大工业公司的董事长有自己非常需要的资料，于是，李即铭去见那个人。当他被迎进董事长的办公室时，年轻的女秘书进来告诉董事长，她今天没有什么邮票可给他。

"我在为我那8岁的女儿搜集邮票。"董事长对李即铭解释。

李即铭向董事长提出一些自己想了解的问题，董事长的回答很含糊，没有给李即铭提供什么有用的信息，李即铭无论怎样试探都没有效果。

回到家中，李即铭一直想怎么样才能打动那位董事长，得到自己需要的资料。他想起秘书对董事长说的话——邮票，8岁的女儿……李即铭也想起银行的国外业务部经常收到来自世界各地的信件。

第二天早上，李即铭带了一些邮票送给董事长。董事长满脸带笑，对李即铭客气得很，连连感谢，说："我的小娜将会喜欢这些。"

然后，董事长用了一个多小时告诉了李即铭他想要知道的全部资料，之后，他又叫下属进来，问他们一些问题。董事长还打电话给同行，向他们索要李即铭需要的一些事实、数字、报告和信件。这一次拜访，李即铭大有收获。

李即铭所遇到的问题的确很难，因为某公司的资信报告很难写，有可能涉及企业的财务及商业机密。但是，李即铭给董事长送去他女儿需要的邮票后，二人的关系由纯粹的业务关系上升到了朋友关系。李即铭正是以自己的真诚结交了董事长这个朋友，才得到了朋友的帮助，解决了问题。

品悟人生

很多情况就是如此，当你无法与关键人物建立密切的朋友关系时，事情往往很难取得进展。可一旦你与他建立朋友关系，无论多么难办的事情都会变得容易起来的。

有人气就有财脉

我们都有着自己的人际关系网络。只要你善于开发，每一个人都会成为你的金矿。

好人气可以为你带来巨大的财富。世界一流人际关系资源专家哈维·麦凯就是巧妙地利用人际关系来推销自己，找到了一份好工作。

哈维·麦凯刚大学毕业就陷入了失业大军之中，原因很简单，当时正处于全国经济萧条时期，工作太难找了。

好在哈维·麦凯的父亲是位记者，认识一些政商两界的重要人物。其中有一位叫查理·沃德的先生，是全世界最大的月历卡片制造公司布朗·比格罗公司的董事长。四年前，沃德因税务问题而入狱服刑。哈维·麦凯的父亲发现别人控诉沃德逃税的案件有些失实，于是赴监狱采访沃德，写了一些公正的报道，这使沃德非常感激麦凯的父亲。

出狱后，沃德对哈维·麦凯的父亲说，假如孩子毕业后想找个好工作，他可以帮忙。

哈维·麦凯父亲想起查理·沃德先生的承诺，便抱着试试看的想法让哈维·麦凯给沃德的公司打电话。

谁知沃德回答得十分干脆。他说："你明天上午10点钟直接到我办公室面谈吧！"次日，哈维·麦凯如约而至。他为面试做了充分的准备，谁知招聘却变成了聊天。沃德兴致勃勃地谈到哈维·麦凯的父亲的那一段狱中采访，整个谈话的过程十分轻松愉快。

聊了一会儿后，沃德说："我想派你到我们的直属公司工作，就在对街——品园信封公司。"

哈维·麦凯顷刻间有了一份工作，并且拥有最好的薪水和福利。

那不仅是一份工作，更是一份事业。42年后，哈维·麦凯已成为全美著名的信封公司——麦凯信封公司的老板。

在品园信封公司工作期间，哈维·麦凯熟悉了经营信封业的流程，懂得了操作模式，学会了推销的技巧，其中最大的收获就是他为自己积累了大量的人际关系资源。这些人际关系后来成了哈维·麦凯成就事业的关键。

哈维·麦凯说："建立人际关系就是一个挖井的过程，付出的是一点点汗水，得到的是源源不断的财富。"

沃德，一个曾经身穿囚衣的犯人，都有可能成就一个人的人生和事业。因此，你不要忽视和放弃与周围的每一个人建立良好的人际关系的机会。你所认识的每一个人都有可能成为你生命中的贵人，成为你事业中重要的支撑。

好人气能够为你创造机遇。不善于经营人际关系的人无法有效地把握迎面走来的机遇，常常会与机遇失之交臂。

李嘉诚的次子李泽楷家中实木装饰的餐厅里挂满了镜框，上面镶嵌着李泽楷与一些政界要人的合影，其中有新加坡总理李光耀以及英国前首相撒切尔夫人等。结交上层人士、广植人际关系，是李泽楷能够在商界游刃有余的坚实基础。

1999年3月，李泽楷凭借父亲李嘉诚与他个人的人际关系资源，使香港特区政府确立了建设"数码港"的项目，并将其交由盈科集团投资独家兴建。李泽楷则再次利用丰富的人际关系资源，收购了上市公司得信佳，并将自己的盈科集团改名为“盈科数码动力”。盈科的收购行动及数码港概念的刺激，使其股市市值由40亿元变成了600亿元，成为香港第十一大上市公司，李泽楷一天就赚了500多亿。

2003年1月，李泽楷出席了在瑞士达沃斯举办的世界经济论坛，并与微软的比尔·盖茨、索尼的董事长兼首席执行官出井伸之等杰出的企业家在一起讨论。这使得李泽楷的个人形象在商界更具有影响力，同时也为李泽楷在商界赚得了更多财富，培植了广博的人际关系。

激励大师安东尼·罗宾说：“人生最大的财富便是人际关系，因为它能为你开启所需能力的每一道门，让你不断地成长，不断地贡献社会。”所以说，成功机遇的获得与其交际能力和交际活动范围的大小几乎是成正比的。

品悟人生

我们应把营造好人气与捕捉成功机遇联系起来，充分发挥自己的交际能力，不断扩大自己的人际关系网，发现和抓住难得的发展机遇，进而去拥抱成功！

人脉可载人，人脉也可覆人

朋友是你的一面镜子，通过朋友不仅可以了解自己、了解社会、了解人生，还可以学到许多东西，这对于启发灵感及增长智慧很有帮助。失去了别人这面镜子，你将无法知道自己的真面目。

朋友作为一种资源，不仅能在你需要帮助时伸手扶你一把，并且在相互交往中能使你学到很多东西，从人际关系的资源中获得一种受益终生的“人生资源”。

在与人交往中，我们可以学到以下三个方面的知识与经验。

第一，通过与朋友交往，你能够更加深入全面地了解社会。人们要想在这个社会中生存发展，就必须了解这个社会。很多人习惯于从日常生活中、从他人的生活经验、书报杂志和传播媒介中了解社会。

而这种获得的社会知识，其知识面是十分的狭窄，会使人们难以做出准确的判断，这无疑是井蛙窥天；因为，报纸和其他传播媒体所提供的不过是一张“地图”，地图的描绘毕竟与活生生的现实存在着千差万别。只有随着人际关系资源的扩大，知识与经验才能逐一得到修正和扩大。

13岁的南存辉由于父亲卧病在床，只好退学当了一名小鞋匠。南存辉一手出色的修鞋手艺，使他结交了十里八乡、走南闯北的生意人。南存辉从这些做生意的朋友那里了解到，社会正在发生着巨大的变化，国家开始允许个人经营了。当时全国五金电器市场资源短缺，柳市镇的很多人开始从事旧机器回收工作，他们将机器零件拆卸清洗，再当作零配件卖出。

南存辉感到自己开创新事业的时机已成熟。他拿出修鞋积攒的积蓄，和几个伙伴开了一个电器门市，从此，便一发不可收拾。十几年后，南存辉的小门市发展成今天的大型企业集团正泰电器。

第二，通过与朋友的交往，你能够更加深入、全面地了解自己。人总以为自己最了解自己，这是每一个人都容易犯的一个毛病。其实，我们对自己的认识极为有限，几乎无法具体地描述自己的个性、能力、长处和短处。一般，人们所认为的“这就是真正的自己”，看到的是“有意识的自我”和“行动的自我”，而这些仅仅只是“自我”的一部分而已。

全面地认识自己就是拿自己与周围的人比较，或从与他人的交往中逐渐看清楚他人眼中的自己。人们有时候必须在多次受到长辈批评和朋友规劝之后，才能恍然大悟，真正达到自知之明。

贞观年间，魏征是唐太宗手下的一名能够犯颜直谏的臣子，即使太宗在大怒之际，他也敢据理力争，从不退让。

贞观十六年，魏征病逝，太宗亲自吊唁感叹道："夫以铜为镜，可以正衣冠；以古为镜，可以知兴替；以人为镜，可以知得失。我常保留此镜，以防己过。今魏征殂逝，遂亡一镜矣。"正是有了魏征等忠臣的帮助，唐太宗才开创了唐初的贞观盛世。

第三，通过与朋友的交往，你能够更加深入、全面地了解人生。在漫漫的人生旅途中，每个人无时不在受着他人的影响，这些人也许是父母、亲友，也可能是自己的上司或同事。从他们身上，我们不仅可以更全面地认识自己，还可以更好地了解整个社会，同时也会从他们的生活态度中认识人生的另一个侧面。

"三人行，必有我师"，身边的每一位朋友甚至路人，他们其实都可以成为我们人生中的老师，由于每个人身上都有各自不同的长处。我们要善于取长补短。从他人的处事、思维的角度，甚至一个细微的动作或表情，学到人生中细微的知识，这些是书本中学不到的"真金"。

品悟人生

朋友没有地域和年龄的限制。不同地域的朋友，都可以相互交往、相互了解各自的风俗习惯、人生态度，不同年龄的朋友，可以相互诉说人生经历，达到资源共享。

人缘体现人的综合素质

一个人的优良品质是其立身处世的根本所在，诸如诚实、正直、宽容、守信、善良等都是千百年来备受尊崇的美德，它们在人际交往中往往起着决定性作用。在这方面，尤以"诚"为最，因为没有人愿意与不诚实的人交往。

诚实是道德与智慧的高度融合，是人际关系交往中不可缺少的调和剂。人们通常把一个人诚与不诚作为衡量是否可以与他交往的标准。

诚乃交友第一原则，可是总有人无法做到以诚待人。他们仅仅看到眼前的利益，就不顾一切地去占有。这样做，或许能得到一时的私利，但失去的却是整个人。一旦走到了这一步，做人离失败也就不远了。

日本著名企业家吉田忠雄在回顾自己的创业成功经验时说过，为人处世首先要讲求诚实，以诚待人才会赢得他人的信任。离开这一点，一切都成了无源之水、无本之木。

初期，他做过一家小电器商行的推销员。开始时，他毫无业绩，但他坚定信念，从未想过放弃。有一次，他推销一种剃须刀，但是他发现他所推销的剃须刀比其他商店里的同类产品价格高，这使他深感不安，经过深思熟虑，他决定向客户说明情况，并主动要求向客户退还价款上的差额。他的这种以诚待人的做法深深感动了客户，他们不但没有收下价款差额反而主动向吉田忠雄订货，并在原有基础上增添了许多新品种。这使吉田忠雄的业务数额急剧上升，很快得到了公司的奖励，更为他以后的发展打下了良好的基础。

善于与人交流、合作，善于引导人去思考，善于用逻辑的力量和行动让人信服，这就是交流与合作的魅力。在交流与合作魅力中有一条重要的“白金法则”，它是依据古老的“黄金定律”演绎而成的，它能够很好地调整人际关系的秩序，这就是：你希望别人怎么对待你，你就怎么对待他人。

简单地说，就是学会真正了解他人，然后以他们认为最好的方式对待他们，而不是我们中意的方式。这一点意味着善于花些时间去观察和分析我们身边的人，然后调整我们自己的行为，以便在交往中让他们觉得更称心和更自在。这是“白金法则”的精髓所在。

品悟人生

“白金法则”几乎在任何人际关系问题的处理上都能助你一臂之力，它是打开人生凯旋之门的一把金钥匙。

人气中的“人脉网”让你成功

英国有一句著名谚语：“不懂得与人交往者，必不能成功。”这句话说出了一个与中国古语“得道者多助，失道者寡助”相同的深刻道理，即每一个人都要学会了解他的同类并与之和睦相处。换言之，要想闯出成功，先必须织一张牢固的关系网。

但在生活当中，人们一提到“关系网”就认为是带有某种贬义的看法，这无疑是片面的。关系网本身没有错，它是中性的，关键看它是怎样建立起来，怎样运用的。如果建立关系网，不违背一定的道德标准，运用关系网也没有超出法律制度的规定，那么，这样的关系网何罪之有呢？在我国，建立健康的、符合社会道德标准和法律制度的关系网，对社会有利，对国家有利，对单位有利，对个人的成功更是不可或缺的。

相信美国大片《蜘蛛侠》很多人都看过。片中主人公叫彼得·帕克，是个平凡的高中生，由于意外被一只具有放射性的蜘蛛咬到后，他就拥有了各种超能力：可以在墙壁和天花板上行走、能从手腕放射出蜘蛛网，借着蜘蛛网的帮助，他做了很多扬善惩恶的大事。

当然，这只是美国科幻电影里的场景，现实生活中的我们是不可能具备蜘蛛侠的超能力的，但是这并不能妨碍我们成为另一种蜘蛛侠——自己人脉网络上的蜘蛛侠！

现实中，很多成功的人大多就是有这种关系网的人。这种网络由各种不同的朋友组成，有过去的知己，有近交的新朋；有男的，有女的；有前辈，有同辈或晚辈；有地位高的，有地位低的；有不同行业的，有不同特长的，也有不同地方的……也就是说，在你的关系网中，应该有各式各样的朋友，他们能够从不同的角度为你提供不同的帮助；当然，你也要根据他们不同的需要为他们提供不同的帮助。这才是关系网应当具有的特征。

所以，静下心来，我们仔细点数一下，在我们的工作和生活中，究竟结识了多少这样的人呢？500！这只是个我们社会交往人数的平均值！设想一下，从我们自身射出的每一根“蛛丝”都能联系到一个熟人的话，仅仅结出第一层网，就可以看出我们的人脉是多么强大。如果再加上你朋友的朋友，以及你朋友之间的互相联系，天啊，那简直就形成了一张密不透风、无所不及的超级大网，而坐在网中央胸有成竹的你，难道还算不上一个“蜘蛛侠”吗？

珍妮是个很热情的人。前些天，她参加一次同学聚会，一个同学无意间向她提起，某百货公司正在准备设立一个饰品柜台，招租工作由他负责。说者无心，听着有意，珍妮偷偷到商场看了一下，预计设立柜台的地方在商场的位置极佳，可谓寸土寸金。

珍妮立即找到自己的同学，告诉他自己想承租。珍妮的同学不放心，因为在此之前珍妮从来没有做过饰品行业，更没有那么雄厚的家底。珍妮悄悄告诉朋友，其实自己只是一个饰品厂家的代理人，铺货是免费的。

同学勉强同意让珍妮试试，珍妮立即联系了自己精通饰品生意的好朋友，说自己已经找到了一个很不错的商场，销售绝对没有问题，只要免费铺货，她保证大家都有钱赚。大家对珍妮非常信赖，不但答应给她免费铺货，还给她推荐了几个很有经验销售人员。这样，大家就联系到一条利益链上了。

柜台开张，果然是大家发财，珍妮这个饰品生手也成了一个响当当的小老板。

从上面这个例子可以看出，经营人脉也是一门大学问，这并不是喊几句口号、发几次誓就可以实现的。经营人脉，要有比较高的思想道德品质、心理素质、知识素质、能力素质甚至身体素质以及良好的沟通能力。而且在现实生活当中，我们也喜欢和这样的人交往，因为道德品质好的人拥有善良的心地，宽广的胸怀，光明平和的处世态度，待人谦虚而有自信，积极向上而不嫉妒，欣赏别人而不自卑，了解自己的长处而不嚣张，勇于负责而不狂妄。心理素质好的人能够宠辱不惊，淡泊名利，在遇到重大问题的时候临危不乱，泰然自若。知识水平高的人懂得生活的道理，能够灵活运用书本上的知识，风趣幽默，谈吐不俗。

在生活当中，纵观那些成功人士他们努力的结果，就是建立了一个能在他们工作生活的各个领域有力支持他们的系统。当然，这种关系不是魔术般建立起来的，它需要多年的时间和精力的投入才能发展起来。他们与同事和生意伙伴一起打高尔夫球，参加社区的筹资活动，加入乡村俱乐部和一些商业组织，所有这些投入都是为建立他们自己的网络在做准备。

品悟人生

设想一下，从我们自身射出的每一根“蛛丝”都能联系到一个熟人的话，仅仅结出第一层网，就可以看出我们的人脉是多么强大。

圈子决定你的未来

如果你没有显赫的家世，没有傲人的学历，也没有娶到亿万富豪的千金小姐，或是嫁给身价过亿的有钱男人。但是你还可以有另外一种选择，那就是从此刻开始累积你的人气，并将人气的力量最大程度地发挥出来，这样，你就更容易成功！

迈克是加州的一个农夫，他 20 岁时，在父母的支持下，在城里开了一家小饭店。一天，外面下着大雨，迈克见离饭店不远处有一辆轿车出了故障，车主急得抓耳挠腮，无计可施。好心的迈克便叫店里的司机开货车送他回家，而自己则帮忙看着那辆出故障的车，直到第二天车主回来取车。

后来，迈克才知道车主竟然是加州资深议员！这一下不要紧，迈克雪中送炭的举动无疑赢得了议员的好感。在他的帮助下，迈克改行做了五金和建材生意。议员还把本地出名的几位大企业家介绍给他认识，一下子认识了这么多大人物，迈克简直受宠若惊。这几位企业家都感动于迈克助人为乐的精神，一致表示愿意支持他的事业。很快迈克的事业发达起来。

我们可以算算迈克值多少钱？找出他身边最要好的几个朋友，将他们的薪资平均，他的“价值”便出来了。他原来的价值只是身边几个伙计相加的平均数，现在是几个大企业家相加的平均数，二者差别可谓大矣！由此可见，一个人的价值，很大程度上取决于他经常交往的人，也即是他的人脉关系。这样说丝毫都不过分。

而且，在现代生活中人们也都认识到了人脉关系的重要性。比如，一个陌生的大都市，你从来都没去过，但只要你有朋友在那里，哪怕你身无分文也敢闯进去，而人生地不熟的，则需要要非常的勇气才敢斗着胆子闯一闯。

这些就是人脉带给一个人的最基本的利益之处。除此以外，人脉更是成就一个人人生的重要因素。缺乏人气的人是根本不可能成功的。你可以猜猜和比尔·盖茨先生关系最好的三个朋友是谁呢？其中之一便是同样大名鼎鼎的巴菲特。你可以将他身边的三个最要好的朋友的工资平均一下，是不是跟比尔·盖茨的工资相差无几呢？

你要想使你的身价更高，唯有去认识那些身价高的人！你一定要让自己明白——在这个现实的商业世界里，一个或是几个关键朋友就是改变你命运的“大还丹”。这枚“大还丹”有再生的功效，能让你的命运重写、人生重塑！

好的人脉确实就如一枚大补大救的“大还丹”，让你在当下的商业社会打造金刚不坏的真身。就算你条件恶劣，前途凶险，你的人脉也会帮你扫平障碍，打开通途，让你的一生都明亮起来。

从今天开始，千万不要再苛责上天的不公平了！比尔·盖茨说，这个世界本来就是不公平的。你无法改变这个世界，你唯一能做的就是改变你自己！这是你必须始终保持头脑清醒的一件事。

而谈及改变自己，又从何改起呢？很简单，先从改变自己身边的朋友做起！因为“近朱者赤，近墨者黑”，与谁交往将会决定你成为怎样的人！如果你想成为一个优秀的人，结交高含金量的人则是你奋斗的重中之重。

当然，每一个人都想改变自己的命运，像每一个优秀的人一样享受更高层次的生活。可是他们却并没有把人脉作为奋斗的重点，反而去投机取巧，选择了一个错误的方向，这样南辕北辙，即便你努力一辈子到头来都只是竹篮打水一场空。其实，你的身边隐藏着无数个机会，如果你能把握好这些机会，则完全可以改写自己的人生。可是，多少人却视之而不见，任之撒手离去。

话说回来，并不是你认识朋友就能成功，还要看你的朋友是谁，你的朋友是做什么的，你的朋友处于一个什么样的层次。如果你的朋友只是一帮酒肉朋友，你天天陪着他们去喝酒，喝酒后还要耍酒疯，则肯定“耍”不出大事业来的。所以说，想成功，想改变命运，你就得认识有能力让你成功、有本事为你改变命运的人。这样的人你认识几个？

有这么一个故事，几年前一家德国报纸接受了一项挑战，要帮法兰克福的一位土耳其烤肉店老板，找到他最喜欢的影星马龙·白兰度的关联。

结果经过一段时间，报社的员工发现，这两个人只经过不超过六个人的私交，就建立了人脉关系。原来烤肉店老板是伊拉克移民，有个朋友住在加州，刚好这个朋友的同事，是电影《这个男人有点色》的制作人的女儿的结拜姐妹的男朋友，而马龙·白兰度主演了这部片子。

看到这里，你也许会惊呼——哇！这个世界真的这么小吗？要知道我们生存的这个世界真的很大，仅地球陆地面积就大到了149000000平方千米，那是将近1.5亿啊！地球上的人口呢？据目前最新的统计，已经超过65亿了！这么大的世界，这么多的人口，一个人要联系到另外一个素不相识的人，那简直是大海捞针。但是却有人用实践证明了一个几乎不可思议的理论：这个星球上的所有人，从某种意义上来说，都可以通过个人的关系网联系起来，任意两人之间的最短距离都不超过5个人！

按照这种观点，我们应该有清醒的认识：不要对结识成功人士存有畏惧心理，认为自己高攀不上。其实，我们甚至可能跟奥巴马、普京、姚明等成为无话不谈的朋友，只要我们有自信，有恒心，加强联系和沟通，我们就可以结交到来自各行各业的朋友，来自世界各地的朋友。

品悟人生

你或许会说，这样的朋友我一个都不认识。其实，这是你思想认识的问题。要知道，这个世界上的任何一个人你都可以认识。

有“贵人”相助，事业容易成

有句话说“七分闯，三分运”。我们一直相信“爱拼才会赢”，但往往有些人即使拼了也不见得赢，关键就在于缺少“贵人”相助。

有一份调查表明，凡是做到中、高级以上的主管，有90%的都受过栽培，至于做到总经理的，有80%遇过“贵人”，自己创业当老板的，竟然100%全部都曾被人提拔。不论在何种行业，“老马带路”向来是传统。作用不外乎是栽培后进，储备接力人才。

军机大臣左宗棠从来不给人写推荐信，他说：“一个人只要有本事，自会有人用他。”左宗棠有个知己好友的儿子，名叫黄兰阶，在福建候补知县多年也没候到实缺。他见别人都有大官写推荐信，想到父亲生前与左宗棠很要好，就跑到北京来找左宗棠。左宗棠见了故人之子，十分客气，但当黄兰阶一提出想让他写推荐信给福建总督时，登时就变了脸，几句话就将黄兰阶打发走了。

黄兰阶又气又恨，离开左相府，就闲踱到琉璃厂看书画散心。忽然，他见到一个小店老板学写左宗棠字体，十分逼真，心中一动，想出一条妙计。他让店主写柄扇子，落了款，得意洋洋地回到了福州。

这天，是参见总督的日子，黄兰阶手摇纸扇，径直走到总督堂上，总督见了很奇怪，问："外面很热吗？都立秋了，老兄还拿扇子摇个不停。"

黄兰阶把扇子一晃："不瞒大帅说，外边天气并不太热，只是我这柄扇是我此次进京，左宗棠大人亲送的，所以舍不得放手。"

总督吃了一惊，心想：我以为这姓黄的没有后台，所以候补几年也没任命他实缺，不想他却有这么个大后台。左宗棠天天跟皇上见面，他若恨我，只消在皇上面前说个一句半句，我可就吃不住了。总督要过黄兰阶扇子仔细察看，确系左宗棠笔迹，一点不差。他将扇子还与黄兰阶，闷闷不乐地回到后堂，找到师爷商议此事，第二天就给黄兰阶挂牌任了知县。

黄兰阶不几年就升到四品道台。总督一次进京，见了左宗棠，讨好地说："宗棠大人故友之子黄兰阶，如今在敝省当了道台了。"

左宗棠笑道："是嘛！那次他来找我，我就对他说：'只要有本事，自有识货人，'老兄就很识人才嘛！"

黄兰阶能够官拜道台，是以左宗棠这个大"贵人"为背景，让总督这个小"贵人"给他升了官。

黄兰阶的作法不值得提倡，但若没有他的灵机一动，他也做不成官。

"贵人"可能是一个人一生中最有用的"关系"了，而把这种关系发展成友谊，也许是最好的结果。同时也是维持这种关系的最佳途径，虽然，长江后浪推前浪，有一天你可能也会成为别人生命中的"贵人"，但千万别忘了曾帮助过自己的"贵人"。

品悟人生

在交际的过程中，"贵人"相助往往是不可缺少的一环，有了"贵人"，不仅能替你加分，还能增加你的筹码。

让自己成为受欢迎的人

如果一个人没有好的人缘，处处受到排挤和冷落，那么他很难办成一件事情，甚至连尝试的机会都没有。受到欢迎，是我们做成许多事情的前提，那么，怎样才能使自己到处受欢迎呢？

生活奉行的是对等原则，你怎样对待别人，别人就怎样对待你。如果我们只是要在别人面前表现自己，使别人对我们感兴趣的话，我们将永远不会有许多真实而诚挚的朋友，甚至会引起别人的反感。要使别人重视你，首先要重视别人，对别人感兴趣。对任何事都漠不关心的人，也不会有人关心他。不对别人感兴趣的人，他一生中的困难最多，对别人的伤害也最大。

有一次吉索亚在新西兰大学选修一门短篇小说写作课程。在课程中，柯里沃杂志的主编到班上讲课。他说，他拿起每天送到他桌上的数十篇小说，只要读几段，就能感觉出作者是否喜欢别人。“如果作者不喜欢别人，”他说，“别人就不会喜欢他的小说。”这位激动的主编，在讲授小说写作的过程中说：“我现在所告诉你们的，跟你们的牧师所告诉你们的，是完全相同的东西。但是，请记住，你必须对别人感兴趣，如果你要成为一名成功的小说家的话。”

如果小说写作真是如此的话，你可以肯定，待人处世尤其是如此。斯顿最后一次在百老汇上台的时候，吉索亚花了一个晚上待在他的化妆室里。斯顿，被公认为魔术师中的魔术师。前后40年，他到过世界各地，一再地创造幻象，迷惑观众，使大家吃惊得喘不过气来。共有6000万人买票去看过他的表演，而他赚了几乎两百万美元的利润。

吉索亚请哲斯顿先生告诉他成功的秘诀。哲斯顿的成功与学校教育没有什么关系，因为他很小的时候就离家出走，成为一名流浪者。搭货车，睡谷堆，沿门求乞，坐在车中向外看着铁道沿线上的标识，因而认识了字。

他的魔术知识是否特别优越？他告诉吉索亚，关于魔术手法的书已经有好几百本，而且有几十个人跟他懂得一样多。但他有两样东西，其他人则没有。第一，他能在舞台上把他的个性显现出来。他是一个表演大师，了解人类天性。他的所作所为，每一个手势，每一个语气，每一个眉毛上扬的动作，都在事先很仔细地预演过，而他的动作也配合得分秒不差。除此之外，斯顿对别人真诚地感兴趣。

他告诉吉索亚，许多魔术师会看着观众，对自己说："坐在底下的那些人是一群傻子，一群笨蛋，我可以把他们骗得团团转。"但斯顿的方式完全不同。他每次一走上台，就对自己说："我很感激，因为这些人来看我表演，他们使我能够过一种很舒适的生活。我要把我最高明的手法，表演给他们看看。"他宣称，他没有一次在走上台时，不是一再地对自己说："我爱我的观众，我爱我的观众。"

吉索亚认为，斯顿的成功秘方就是如此简单，那就是对他人感兴趣。这就是一位有史以来最著名的魔术师所采用的秘方。

对别人表示你的兴趣，你的关心，不但可以让你交到朋友，在生活中成功，还可以为你的公司增加客户的信任感和好感，并赢取新客户，有助于事业的成功。了解他人，表示对他们的兴趣，是得到重视和欢迎，赢得成功机会的外在起点。

品悟人生

如果我们只是要在别人面前表现自己，使别人对我们感兴趣的话，我们将永远不会有许多真实而诚挚的朋友，甚至会引起别人的反感。

好的人气让你不再"单打独斗"

美国老牌影星寇克·道格拉斯年轻时落魄潦倒。包括很多知名大导演在内，没有人认为他会成为明星。有一次，道格拉斯乘火车，旁边坐着一位女士，漫漫旅途，时间难以打发，于是，道格拉斯便主动与身边的女士攀谈起来，没想到这一聊就聊出了一个重大机会，此后，他的人生开始改变。很快，道格拉斯被邀请到制片厂报到——原来，这位女士是位知名制片人。道格拉斯因结交了这位女制片人，沟通了人际关系，才获得了一个良好的展现表演才能的机会，一切美梦才变为现实。

或许你觉得你的同事在水平、人品各个方面都和你不相上下，甚至有的地方还不如你，为何他会拥有众多的机遇，而你却没有呢？因为有人赏识他！为什么赏识的偏偏是他呢？

答案很简单——你的同事比你有人缘，获得升职加薪的机遇当然比你多！

2004年，中国百富榜上60%的企业家最看重的十大财富品质中，“机遇”排在第二位。在生活中，我们总是要与很多陌生人打交道来完成自己的事业，成功的交往也许会给我们带来好运。要知道，一匹好马可以让你驰骋沙场，好的人际关系可以带你实现自己成功的愿望。

年轻的寿险推销员杰克来自蓝领家庭，平时也没朋友。华特先生是一位很优秀的保险顾问，并且拥有很多十分赚钱的商业渠道。他生长在富裕家庭中，他的同学和朋友都是学有专长的社会精英。杰克与华特的世界根本就是天壤之别，因此，在保险业绩上也是天壤之别。杰克没有人际网络，也不知道该如何建立网络、如何与来自不同背景的人打交道，并且少有人缘。一个偶然的机会，杰克参加了开拓人际关系的课程训练，杰克受课程的启发，开始有意识地和在保险领域颇有建树的华特联系，并且与华特建立了良好的私人关系，他通过华特认识了很多新领域的人，事业上的新局面自然也就打开了。

善于编织人际关系网的交际高手往往乐意雇用朋友的孩子，提携球友或牌友的女婿，笼络将来可能对自己有利的人。这样，一旦自己需要寻求他人的帮助时，手上便有一堆现成的人情债可以“讨”，并且往往不费吹灰之力便能“讨”得到。

周末晚上别老待在家里，多出去参加一些社交活动。无论什么样的活动，只要加入并参与就够了。下班后不要急着回家，多结识一些朋友，建立自己的人际关系网，对你的生活、事业将会有很大的帮助。

从现在起，与你周围的人架起沟通的桥梁，编织你的人际关系网吧！

品悟人生

"机遇"的潜台词是"关系"，人际关系越好，"机遇"相对就越多。

第二章

改变外在形象，赢在第一印象

一个形象邋遢、说话语无伦次的人，不可能给予他人较好的第一印象，这往往就会成为一个人拥有良好人际关系的阻碍。所以，时刻注重给人们留下完美的第一印象，会让更多人喜欢上你。

形象是一个人人气的资本

心理学上有一个规律，在和比较陌生的人交往中，他给我们的早期印象往往比较深刻。有这样一个心理学实验证明了这个规律。

心理学家设计了两段文字，描写一个叫吉姆的男孩一天的活动。其中一段将吉姆描写成一个活泼外向的人：他与朋友一起上学，与熟人聊天，与刚认识不久的女孩打招呼等；而另一段则将他描写成一个内向的人。研究者让有的人先阅读描写吉姆外向的文字，再阅读描写他内向的文字；而让另一些人先阅读描写吉姆内向的文字，后阅读描写他外向的文字，然后请所有的人都来评价吉姆的性格特征。

结果，先阅读外向文字的人中，有78%的人评价吉姆热情外向，而先阅读内向文字的人，则只有18%的人认为吉姆热情外向。可见，人们在不知不觉中，倾向于根据最先接受到的信息来形成对别人的印象。

这就是第一印象的作用。第一印象又称为初次印象，指两个素不相识的陌生人第一次见面时所获得的印象。那么，第一印象真的有那么重要，以至在今后很长时间内都会影响别人对你的看法吗？

一个新闻系的毕业生正急于寻找工作。一天，他到某报社对总编说："你们需要一个编辑吗？"

"不需要！"

"那么记者呢？"

"不需要！"

"那么排字工人、校对呢？"

"不，我们现在什么空缺也没有了。"

"那么，你们一定需要这个东西。"说着他从公文包中拿出一块精致的小牌子，上面写着"额满，暂不雇用"。

总编看了看牌子，微笑着点了点头，说："如果你愿意，可以到我们广告部工作。"

这个大学生通过自己制作的牌子，表现了自己的机智和乐观，给总编留下了美好的"第一印象"，引起对方极大的兴趣，从而为自己赢得了一份满意的工作。并且，因为对他有良好的第一印象，总编一直对他印象颇佳。

由此可见，第一印象真的很重要！很多人对你形成的某种第一印象，通常难以改变。而且，还会寻找更多的理由去支持这种印象。有的时候，尽管你表现的特征并不符合原先留给别人的印象，人们在很长一段时间里仍然要坚持对你的最初评价。第一印象在人们交往时所产生的这种先入为主的作用，被叫做首因定律。

其实，人类有一种特性，就是对任何堪称"第一"的事物都具有天生的兴趣并有着极强的记忆能力。承认"第一"，无视"第二"。不经意地你就能列出许许多多的"第一"。如世界第一高峰，中国第一个皇帝，美国第一个总统，第一个登上月球的人等等，可是紧随其后的"第二"呢？人们可能就说不上几个。

在生活中，人同样对"第一"情有独钟，你会记住第一任老师，第一天上班，第一次恋爱等等，但对"第二"就没什么深刻的印象。这就是"首因定律"的具体表现。

品悟人生

我们要特别注意给别人留下的第一个印象，要争取在第一次亮相的时候，就显现出最有光彩的自己。

看看你的外表能吸引多少眼球

一个人的仪表是最先被对方的感官感知的。因为从理论上讲，仪表是与他人的视觉距离和角度最为舒适和直接的，是彼此交往中最引人注意的部分。别人要获悉你是怎样一个人，首先注意的就是你的仪表，而我们想要留给对方美好的印象，首先也要从仪表开始。

仪表是指人的外表，包括人的容貌、姿态、服饰和个人卫生等方面，它是人精神面貌的外观显现。

对人仪表的总体要求是：朴实自然、整洁大方、庄重亲切、给人好感。

对仪表的基本要求是：整洁大方。

整洁并不完全为了自己，更是尊重他人的需要。社会心理学家认为，在公众场合人总是趋近衣着整洁、仪表大方的人，或衣着略优于自己的人，这种行为，在日常生活中也常见到，即没有人愿意同一个不修边幅、肮脏邋遢的人在一起。

心理学理论“晕轮效应”认为：一个人给别人的第一个印象往往是人们对其作出判断的心理依据。如果你见到一个人衣着整齐、合体入时，表情自然，则会认为此人做事细心，有条有理，进而会想，这个人一定有责任心，你就必然会在心里产生最初的满意的感觉，并且还会联想到其人会有这样或那样的能力。

倘若一个人给你的最初形象是衣冠不整，嘴巴里还骂骂咧咧，你定然会作出其缺乏道德观念的结论，甚至还会联想到此人的其他缺点。心理学家雪莱在莫萨立斯特大学挑选了 6 个自愿者参加实验，这些应试者的外貌、口才及对事物的理解判断能力差异不显著，但仪表、风度却差距显异。实验要求 68 人分别征求四位素不相识的过路人的意见，以期得到他们的支持。

结果，风度翩翩者较之仪态平平的对手，更易得到陌生人的青睐，给人留下好的印象。

所以在你要开始交友、求职等各种攻势之前，请先花些时间审视一下自己。你的外表，穿着打扮、举止是不是能被大众所接受？因为，不管你怎么的热情和健谈，不管你如何的懂得社交技巧，如果你的打扮过于考验大众的接受力，恐怕在一开始，你就会给人一种“不好接触，不容易相处”的感觉，从而让你所有的努力在一开始就注定了失败的结果。所以，请花些时间来审视自己的仪表。

仪表端庄，举止文明是给人产生良好印象的基础。仪表举止非常直观，只要你往对方面前一站，一开口，对方就会在头脑中产生一些反应，如站在面前的你属何种性格，修养怎样，属哪种类型的人，有无必要与他交谈下去等等。但是重视仪容、仪表，不能理解为追求时髦。某工科大学一机械制造专业男同学，披着一头长发，小手指的指甲留得较长，中指上戴一金戒指，来到某机械集团企业应聘，该企业人事部的经理一见那同学的模样，便婉言谢绝。

一个人的仪表不但可以体现他的文化修养，也可以反映他的审美趣味。而穿着得体，不仅能赢得他人的信赖，给人留下良好的印象，而且还能够提高与人交往的能力。相反，穿着不当，举止不雅，往往会降低了你的身份，损害了你的形象。

品悟人生

仪表是一门艺术，它既要讲究协调、色彩，也要注意场合、身份。同时它又是一种文化的体现。

衣着不得体，难有好人气

也许你会认为，衣着仅是个人问题，与人气无关，穿一些能体现个性爱好的休闲服装，足以让人感觉舒适。是的，从原则上来说，自由选择装束装扮是每个人的权利，但对于交际中的人来说，就不能不有所节制了。

和三五好友聚会，在野外休闲度假，可以穿得随意一些，但与人交往时需要一种特殊的氛围来烘托，穿着打扮在其中会起着不可忽视的作用。要是没有一套得体的衣着，就会给人一种“不是那么回事”的随意感觉，从而让人对你的能力、可信度等都大打折扣。

在给人留下的良好的第一印象中，着装占有80%的比重。人们往往会依据一个人的衣着装扮去推断他的人品、性格等情况。衣冠不整、蓬头垢面会让人想到失败者的形象，而整洁的修饰会提高你的形象，因为服装整洁，不仅是对自己人格的尊重，也是对他人的尊重。服装整洁，会给他人以愉快的印象。一个人满身油污、衣服皱叠、纵横交错，一定会使人讨厌，影响他人的情绪。“这小子这么邋遢，不能让他去见客户，否则准会把生意搞砸”“这个不修边幅的家伙一看就不够精明”。给人如果留下这种糟糕的印象，谁愿意和这样的人交往呢？更不用说成为朋友。

一个穿戴得体的人容易赢得他人的信任和好感，而衣着不得体的人只会给他人留下糟糕的印象。前不久刚辞职的日本首相鸠山由纪夫，曾因一件“鹦鹉衬衫”而引发日本领导人“时尚灾难”的风波。鸠山的这件衬衫由五个大色块的格纹拼接而成，完全是20世纪80年代的产物。更要命的是，鸠山不仅在这件衬衫内搭配了黑色高领打底衣，还穿了一条高腰裤，手中的西装居然是紫色的。时装设计师们可以随心所欲地穿衣服，政治领导人却不行。他们的穿着就是国家的门面，甚至从一定程度上反映了其观念。对于日本这个时尚业极度发达的国家来说，第一领导人如此过时的打扮，当然让民众很难容忍。日本时尚评论家小西良幸就一针见血地指出，鸠山的思维与想法陈腐，难以带领日本“克服危机”。此后，鸠山由纪夫的民意支持率持续下降，不排除有部分原因就是出于这个“穿错衣”事件。

另一方面，现代人热爱时尚，喜欢追逐时髦和潮流，这本是一件好事，但有些人把握不住“度”，很容易过火。比如，常常在衣着上标新立异，把另类当成时尚。这种着装不但不会让人产生好的印象，反而会令人产生反感。

恩波利是某公司职员，刚到公司时穿着还算朴素，当然这也是因为他刚刚大学毕业，进入社会任职时间不长，口袋里钱不多，用于穿着打扮上的闲钱自然就少。公司前辈们对恩波利的印象很好，觉得这小伙子踏实，平时也爱和恩波利聊些有趣的事情，在工作上也都尽力地帮他熟悉业务。一切似乎都很顺利，唯一让恩波利难受的是，他觉得自己穿得太寒酸，公司里大部分职员对仪表都似乎非常讲究，唯有自己的行头总是那么两件工装。因此，第一个月的薪水一发下来后，恩波利大举购置衣物、改换发型。他购置了一套瘦腿的蓝色名牌服装，裤脚下边吊着个小叮当，一走动便发出叮当的声音。在发型师的建议下，恩波利将自己土得掉渣的学生头染成了暗红。他走在大街上时，路人侧目，恩波利暗自为自己的回头率如此之高而兴奋。

第二天，恩波利就着这身行头上班了。公司里的同事都惊奇地看着他，更让他奇怪的是，中午在餐厅吃饭，同事们见到他像躲瘟神一样，没有人愿意和他同桌进餐。

下午，经理切尔西找到他，严肃地对他说：“你知道，我本来安排你今天去和某客户谈合约的，但你这副打扮，实在让人难以接受。你必须明白，你现在是准备郊游呢，还是准备干活？今天你就不必去见客户了。而且你这身打扮，公司里已经没有任何合适的工作可供你来做。你今天可以休息了，如果明天还是这样的话，那么你可以去财务处将你的薪水全部领走。”

恩波利吃惊极了，他默默地坐着，切尔西经理什么时候离开办公室他都不知道。前辈莱特过来了，他拍了拍恩波利的肩，说：“小伙子，记住我的话，在衣着打扮方面，人怕出名猪怕壮，你要想不挨打，就别作出头鸟。如果非要作出头鸟，那么，你最好作业务方面的出头鸟。”

衣着反映出你特殊的个性，人们往往喜欢用最本色、最简单的方式与人相处，这样与人交际给人轻松的感觉。如果有人依据衣着断定你个性特殊，往往就不敢用常用的交际方式和你交往，所以慎穿衣，也是顺利交往的一部分。

品悟人生

美国营销大师法兰克·贝格说的那样：“外表的魅力可以让你处处受欢迎，不修边幅的人给人留下第一印象时就失去了主动。”所以，整洁、合体的服装会使你看起来胸有成竹、有条不紊，是你得到人们好感的另一种资本，是你表达自信和给人留下美好印象的最佳选择。

拥有品味，交际才会上档次

20 世纪 60 年代时，美国一部分大学生对社会现实感到不满，但又感到无力改变现状，于是，他们蓄长发，留胡须，衣着褴褛，状如乞丐。他们以违反世俗的仪表来向社会“抗议”，这就是所谓“嬉皮士”。在现代，不乏有职场“嬉皮士”，他们奉行落魄的装扮，放弃对衣着品味的追求，以此来彰显自己的个性。殊不知，做人没有品味，会让自己掉价，给自己的人气带来极大的障碍。

你有什么样的品味，你就会拥有什么样的人气，因为有什么样的外表会决定你交往什么样的人。行为学家迈克尔·阿盖尔做过一个实验。他以不同的打扮出现在同一地点。当他身穿西服以绅士模样出现时，无论是向他问路或问时间的人，大多彬彬有礼，而且也差不多是绅士阶层的人；当他打扮成无业游民时，接近他的多半是流浪汉，或是来对火，或是讨钱、借烟。可见，拥有优良的人气离不开高品味。

乔治与查理在同一时刻被招进公司做事。这两个人一样的学历，一样的工作努力，但爱好却完全不一样。乔治注重穿着打扮，说话总是带着绅士风度，显得很有品味。查理则不一样，查理穿着随意，因为他认为他反正在公司是做苦力活的，只要卖力干活就是了，穿的品味再高又不能当饭吃。

一次，公司要从基层提拔一个主管，经理将查理和乔治同时报了上去，因为这两个人工作能力都很强，所以他拿不定主意该选哪一个。老板接到报告后，用红笔在乔治的名字上打了个钩。老板说："乔治不错，这小伙子秀外慧中。查理太不注重外表了，没品味，让他管人，谁会服他？恐怕将来出去和客户谈合同时，将客户吓跑了呢。"

很多时候，上司会根据你的衣着品味来决定对你的录用或提拔，所以，品味是一个人建立高档人脉圈的垫脚石。

1918年11月，第一次世界大战结束，这场战争毁掉了拿破仑·希尔的事业，使他必须一切从头开始。他的全部衣服只有三套，已经穿破了的西装和两件再也派不上用场的制服。

希尔很清楚，一般人都是根据一个人的衣着来判断对方的。因此，他立刻去了一家服装店。希尔当时口袋中仅有不到一元的零钱，很幸运的，店主允许希尔以赊帐的方式买下了三套他从未穿过的最昂贵的西服，一整套的最好的衬衫、衣领、领带、吊带及内衣裤。

第二天，希尔穿上了一套崭新的西装，在外衣口袋中塞入一条新的丝质手帕，把从别人那里借来的50美元放入裤袋中。然后，走上芝加哥的密歇根大道，他心里觉得自己很有品味，感觉和洛克菲勒同样有钱。

从此，每天早上，希尔都会穿上一套全新的衣服，在同一个时间里，走上同一条街道。这个时间正好是某位富裕的出版商前往俱乐部吃午餐的时刻，而他所走的路，正好跟希尔走的路线相同。

希尔每天都和出版商打招呼，偶尔，还会停下来和他聊上一两分钟。

这种每天例行性的会面进行了大约一星期之后，有一天，希尔决定试一试自己的想法了。

一天，希尔只从眼睫毛下偷偷瞄了出版商一眼，然后立即就把眼光凝视正前方。正当希尔要从他身边走过时，出版商却停住了脚步，示意希尔走到人行道边缘上。他把手放在希尔肩上，把希尔从头到脚打量一遍，然后说道："嗯，你的衣服都是哪儿做的？"

希尔说，"这套特别的服装是'威尔基及谢勒理公司'特制的。"

出版商接着想要知道希尔从事哪种行业。希尔身上衣着所表现出来的这种极有成就的"气质"，再加上每天一套不同的新衣服，已引起了出版商很大的好奇心。

殊不知，希尔本来就是希望发生这种情况。

"对于一个刚刚脱下制服的人来说，你看来混得相当不错。"

希尔很潇洒地掸掉手中的哈瓦那雪茄的烟灰，说道："哦，我正在筹备一份新杂志，打算在最近一段时间内予以出版。"

"一份新杂志，嗯？"出版商回答说，"你打算替这份杂志取什么名称呢？"

"我打算将它命名为《希尔的黄金定律》。"

"不要忘了，"这位出版商马上说，"我是从事杂志印刷及发行的。也许，我也可以帮你的忙。"

这就是希尔所等候的一刻。当他购买这些新衣服时，他心中就想到了这一刻，以及他们现在所站立的这块土地，几乎分毫不差。

这位出版商邀请希尔到他的俱乐部，和他共进午餐。

在咖啡和香烟尚未送上桌前，他已经"说服了"希尔答应和他签合约，由他负责印刷及发行希尔的杂志。希尔甚至"答应"允许他提供资金给自己，而且不收取任何利息。

额外获得如此庞大的一笔资金通常很难，即使你能提供最佳的担保，也不容易筹得所需的资金。发行《希尔的黄金定律》这本杂志，所需要的资金在三万美元以上，而其中的每一分钱都是从漂亮衣服所创造出来的形象上筹募来的，可以说，是高品位的着装打扮增加了希尔的资本。

看见了吧，一个高品位的外表装扮，在关键时候能成为你获得别人信赖的资本呢。

品悟人生

也许你还在倔强地认为，人有丰富的内在气质就好，不必在乎有没有品味。话虽如此，但人性的弱点之一就是重衣不重人，你又何苦穿得没有品味、小气，甚至邋邋遢遢，让别人把你看低呢？

聚集人气要注重内在形象的修炼

个人魅力已成为当今社会的核心概念之一，人们对魅力的依赖已经成为了一种生存状态。《你的形象价值百万》的作者，著名形象设计师英格丽·张认为，个人魅力并不是一个简单的穿衣、外表、长相、发型、化妆的组合概念，而是一个综合的全面素质，一个外表与内在结合的在流动中留下的印象。可见个人魅力并不是简单的漂亮的脸蛋儿、窈窕的身材、迷人的微笑或潇洒的举止，而是包括在自我思想、追求抱负、个人价值和人生观等方面，与社会进行沟通并为之接受的方法等。

在与他人的初次交往中，个人魅力的表现形式往往体现在某人在其他人眼中的形象。形象通常分为外在形象和内在形象两种。外在形象是相貌、衣着等这样一些外在特征，它是人们根据自己的职业和地位等社会特征来进行开发、定位，然后展现给别人看的。出席一个重要会议该穿什么颜色的衣服？配哪种衬衣和领带？还有裤子和鞋子的搭配是否协调？喷洒哪个牌子的香水？如果你对上面的这些生活细节不屑一顾，你就错了。你应该意识到，外在形象在一个人的人生旅途中扮演着不可忽视的角色。

内在形象是不能仅靠看一眼外表就能让人认识到的，它是一种精神表现。我们来想像一下从未见过面的历史人物的形象。譬如，一提到天才音乐家，你马上就想到贝多芬，而贝多芬的相貌特征、衣着打扮你并不知道。内在形象就是那些天才的或超群的特征部分会转变成记忆留在别人的脑海中，这些特征与拥有它们的人紧密联系，并给人留下深刻印象。

美国一位高级礼仪顾问威廉·索尔比说：当你走进一个房间，即使房间里没人认识你，或者只是跟你有一面之缘，他们也可以从你的外表对你做出以下几个方面的推断：经济水平、受教育程度、可信任程度、社会地位、个人品行、成熟度、家庭教养情况、是否是成功人士。

其实，这里即涵盖了外在形象的概念，也包括内在形象的判断。

良好的形象不仅能够提升个人品牌价值，而且还能提高自己的信心。形象的影响无所不在，对于面试的人，它影响着你是否能面试成功，赢得职位；对于同事，它影响着你们是否合作愉快；对于客户，它影响着你的财路是否畅通。正因为如此，你才要塑造好自己形象。

你是否以为你所欣赏的魅力男人或者魅力女人是与生俱来的？你是否正在为自己没有良好的形象而闷闷不乐？事实上，那些魅力男人或者魅力女人都是通过后天学习才逐渐完善的，每个人都有着不同程度的潜在魅力，每个人都有一个有待开发的魅力宝库，每个人都可以塑造出光彩照人的形象。

品悟人生

良好的形象绝不仅仅在于外“包装”，它是每个人言谈、表情、动作、语音、气质、风度、品位等综合因素的体现，只有平时注重自身知识积累、能力积蓄、修养提高、着装得体、谈吐文雅，才能做到卓尔不群。

让外在魅力为你的人气加分

今天，社会越来越复杂。生活节奏越来越快，人们恐怕来不及有时间去认真地深入地了解一个人，而根据对一个人的外表产生对某人的印象就成了快速判断的根据了。所以为了更好地适应现实，给和我们交往的人留下更好的印象，我们应该花一定的精力在自己的外貌上。虽然我们更要重视内在的实力，但如果你富有外在魅力，也会对你的事业有所助益。

中国唐朝任用官吏的原则是，在考试后还必须具备“身、言、书、判”四个条件才能在朝任官。身是指身体上的条件，言是指谈吐，书是指文笔，判是指下判决书的能力。

在美国，曾对留络腮胡、山羊胡、鼻下胡等男性的印象和每天剃胡子的男性作比较，调查结果发现留有胡子的男性得到“有男人味、成熟、美观、有权力、有自信、勇敢、度量大”等佳评。

林肯在总统大选期间，收到一位住在中西部的少女写的一封信，内容如下：“你的演讲的确令人感动。但是，你那股言辞尖锐的评论气氛过于强烈。如果能带点像父亲和家人谈天时的轻松气氛，我相信你一定能得到更多人的支持。而且我建议你，不妨留点胡子，这样也许能改善那种严肃的气氛。”

从接到小女孩的忠告开始，林肯留起胡子。果然那胡子削弱了不少尖锐的气氛。

根据心理学家的研究，外在的魅力确实与人际关系有着莫大的影响力。有的外在魅力十足的人，让人产生“事业心强、办事牢靠、和蔼可亲、有远见、有自信、意志坚强、性情开朗、认真直率、城府不深、容易沟通”等好感。

因此，我们不妨费点心思好好研究如何才能给予别人良好的印象。到底哪些因素是别人注意的外在魅力？首先容貌就不说了，因为那是天生的，后天无法改变的。我们就说说我们自己所能左右的方面。这主要包括服装和姿容。

先说说服装。俗话说；“人要衣装、佛要金装。”即使是同一个人，因服装的关系而给予别人的感觉就有相当的差异。有学者做了这样一个有趣的实验：让实验者故意放置一枚铜板在公共电话机上，然后观察下一位入电话亭者可能产生的行动。结果发现，穿衬衫打领带，服装整齐的男士会把铜板放回原处的比率较穿着随便者高。以女性作实验，所得到的结果情形也是一样。再以穿越人行道遇红灯的情况作实验，结果也发现，穿衬衫打领带和穿了外套的男性，虽然有闯越的情况，但比穿着随便者少很多。

以上所举的例子体现出，服装整齐的人比较容易带给别人信赖和威严感。因此，如果想要把握某人的情绪，除了按照规则行事外，适当的穿着也是不可或缺的条件。

再说说姿容。根据心理学家所做的问卷调查结果显示，认为从姿容上能够提高个人魅力的主要因素有“秀丽的头发、洁白整齐的牙齿、没有口臭、懂得咳嗽时应有的礼貌、具有关怀的眼神、流行的发型、品行优良、注重清洁”等要项，这也是大部分男女所共认的条件。

外在魅力除了身体上的特征外，“优美的举止”也很重要。对于戴眼镜的人来说，不论是男是女，都很容易被认为是有智慧肯努力的象征。擦口红和不擦口红的女性作比较的话，后者较易被视为“稳重、有内涵、诚实”的象征。

另外仪表整洁庄重，也显出对别人的尊重。起码让人家的眼睛舒服，也显出你比较重视会面的人。就像家里来客人，怎么也要收拾一下，使屋子整洁一些吧，否则就是不在乎别人不尊重别人的表现。

品悟人生

一位哲人说过：“我们不仅应有美好的心灵，还应有美丽的外表。”先天的条件即使无法改变，后天我们总可以努力使自己穿着打扮更加得体一些，这样对我们的人气都会产生有利的影响。

彬彬有礼可增添你社交的人气

礼仪如春风化雨，礼仪会提高你的交际品位。奥里森·马登说，如果你的社会关系是一台机器，那么，彬彬有礼的态度就是那部机器中的润滑剂。古语说得好：“文质彬彬，然后君子。”人际交往中只有形成尊重和被尊重的默契与和谐，才可能给你的形象加分，让你的交际顺利进行和持续发展。

常言道，礼多人不怪。当代社会，社交礼仪不可忽视。“彬彬有礼”已经成为判断一个人社会地位和受教育程度的标准，也成为衡量一个现代人基本素养的客观依据。其实，不知你是否意识到，在大多数情况之下，你的交际成功与否，你的事业发展与否取决于你对他人的尊重。如欧美的脱帽、拥抱，中国古代的作揖就是人们最起码的见面礼。在现代社会，人们行握手礼。即见面时，双方往往先打招呼，然后互相握手致意。关系亲密的朋友，可以伸出双手久握用力握。关系一般的人，可伸出手一握即止，这就是“礼”。

由此可见，彬彬有礼是人际交往的基础，也是交际更具品位的基本要求。比如参加交谊舞会，男士的衣装应该庄重整洁，举止大方；女士的衣装应该明快典雅，不宜浓妆艳抹。进入舞厅时应该彬彬有礼，对熟人和旧友要握手致意或点头问好，对陌生人也应该以礼相待。话音不宜高，步态应该轻盈，当邀请舞伴，舞曲响起来的时候，男士应该主动走到女士面前，可行半鞠躬礼，并且轻声邀请，女方点头表示同意，然后才能并肩走入舞池。彬彬有礼是使人与人和谐相处的最好的方法，这种方法，包含了尊重、亲切、体谅等意义，同时，也表现出个人的修养。

中国自古是礼仪之邦，中国人的民族性格较西方人含蓄得多，因此，更为讲究礼节。由于传统文化的束缚，很多人重视繁义缛节，使得人们对“礼”的认识发生偏差，现代中国人的礼仪观念也日趋淡漠，以至于片面以为只有对长辈、上司或想讨好对方时才讲礼节，对晚辈或与自己没有利害关系的人，就多此一举。甚至，有的人认为，礼貌只是社交上的一种手段。

其实人人都希望受他人尊重，都想活得理直气壮；一个人只有受到别人的认可和尊重，才能进一步肯定自己生命的意义，由此看来，尊重、体谅等礼节绝不是规章条文，也不是口是心非的问候，而是出自内心的真诚的行为。

那么，如何让自己彬彬有礼，从而为自己的社交打开局面，应该从以下几个方面入手：

1. 握手

多数用于见面致意或问候，也是对久别重逢的亲友相见或辞别时的礼节。习惯上握手还是一种表示感谢或相互鼓励的意思。比方说赠送礼品或颁发奖品后，都可以用握手来表示祝贺、感激或鼓励之意。

2. 点头

这是与别人打招呼是经常使用的礼貌举止。通常多用于迎送的场合，尤其是在迎送有许多人时，用点头就可以向许多人同时致意，表示对见面的喜悦或对离别的惆怅。

3. 举手

这也是与别人打招呼的礼貌举止。通常用于和对方远距离相遇或仓促擦身而过的时候、它的用意在于表示自己认出了对方，但因条件限制而无法站停施礼或与对方交谈，用这种随机的礼貌可以消除对方的误会，并感到与正常打招呼差不多的意思。

4. 起立

这是位卑者向位尊者表示敬意的礼貌举止。现常用于集会时对报告人到场或重要来宾莅临时的致敬。平时，坐着的男士看到站立着的女子，或坐着的年轻者看到刚进屋的年长者，或者在送他们离去时，也可以用短暂的起立来表示自己的敬意。

5. 欠身（弯腰）

欠身或者弯腰，都是向别人表示自谦的礼貌举止，也就相当于在向对方致敬。它们与鞠躬的差别，只有程度上的不同而已，即鞠躬要低头，而欠身或弯腰仅仅是身体稍向前倾，但不一定低头，两眼也仍可直视对方。

6. 鼓掌

这是表示赞许或向别人祝贺的礼貌举止。通常用于在聆听别人的长篇讲话和讲演，看完、听完别人的表演、演奏之后，用以表示自己的赞赏、钦佩或祝愿。鼓掌一般出声，但也可以不出声而仅仅作出鼓掌的样子，不过应当让对方直接看到。

7. 抱拳

这是身份相仿者之间相致敬意的礼貌举止、它是由我国古代文人在相互见面或告辞时，互作长揖的礼仪动作演变而来。

8. 合十（即两手合拢置在胸前）

这是兼含敬意和谢意两重意义的礼貌举止，最初仅通行于出家人即佛门弟子之间，以后逐渐流传到俗家人之间。因为这种礼貌举止很文雅，为雅俗共赏，所以不少人也乐于使用。

9. 拥抱

这是表示亲密感情的礼貌举止。通常仅用于外事及送往迎来的特殊场合。有时，有前嫌的双方在误会消除时也常常用拥抱来表达一些难以用语言来说明的复杂感情。但这种表达方式在我国异性之间比较慎重，轻易不大使用。

当然，表示礼貌的举止方方面面，这里只不过是提及其中比较常见的几种而已。从根本上说，这些礼仪举止是我们任何人都能做到的，只要在日常生活中留心一二，其包含的各种思想感情就会融入到别人心中，受到别人的由衷称赞，这不仅说明你是一个礼貌的睿智者，更可以使你在人际交往中如鱼得水，顺畅自如。

品悟人生

人际交往中只有形成尊重和被尊重的默契与和谐，才可能给你的形象加分，让你的交际顺利进行和持续发展。

举手投足有风采，社交场合有人气

举止风度是一个人在运动状态下的亮相。它包括坐立行走、举手投足、喜怒哀乐所表现的各种行为姿态，被人们称之为心灵的轨迹。

歌德说，行为举止是一面镜子，人人在其中显示自己的形象。任何人如果在举止上缺少文雅和稳重，都将以少于深沉、流于浅薄而失去人们的喜爱。如果你想拥有好人际关系，就一定要使自己的举止行为规范化，要优雅大方、稳健从容、表里如一、不卑不亢。

坐立行走要文雅大方。无论在什么场合，都应自觉地保持一种良好的坐态，以显示自己应有的文明素养。工作时，要精力充沛，给人一种振奋昂扬的印象；切忌东倒西歪，萎靡不振。此外，还要养成正确的站立姿势，举行公关活动时一般都要站着讲话，这既体现了文明礼貌的素养，而且也符合国际惯例。由于站立的时候，显露的部位比较大，因此，更要注意站立的姿势。在大会上，要大大方方地起立致意，不要弯着腰、扭着身、束手束脚，要做到从头到脚成一线。行走时步伐要从容稳健，不要摇头晃脑、东张西望、勾肩搭背。

举手投足要自信亲切。在社交场合，一举一动，都要自然而庄重，既不摆架子、指手画脚、盛气凌人，又不唯唯诺诺、畏首畏尾、诚惶诚恐；应当不卑不亢、优雅潇洒、落落大方、自信威严。否则，就会给他人留下一种不好的印象。

公元前703年，曹太子去朝见鲁国国君，被待以上卿之礼。在欢迎宴会上，曹太子忧郁叹息，引起鲁国大夫施父的不满。曹太子的失态不仅有损于个人形象，更重要的是他在两国交往中埋下了阴影。历史上，这种在外交公关时因举止失仪而招致害国之事并非鲜见。在外交方面，个人的言行举止往往被看作是国家对某事、某国的一种态度、政策，因而绝不能因个人喜忧而轻率从事。

在人际交往中还必须对自己的事业和能力有充分的信心，而举手投足间正是体现人们的这种自信。

喜怒哀乐要深沉有度。每个人都是社会中的一员，也必有喜怒哀乐，但是在公共场合中，个人的喜怒哀乐不仅代表自己的情绪，还将影响公众的情绪，因此，要有理智地加以控制。

人们在公共场合中必须要有自己独特的喜怒哀乐方式。深沉的喜爱，除了友好的动作外，更体现在爱护、关切、由衷赞赏与喜悦的神情和目光上，要控制过分激烈、狂热的行为；深沉的愤怒，不在于说话声调的高低与强弱，而在于内心表现的威严和怒斥的神情，无声的谴责要比声嘶力竭的抗议更有力；深沉的悲痛，不是泪流满面的号啕大哭，而是用理智把握感情，化悲痛为力量；深沉的快乐，无须狂欢乱跳，而应当充满激情，将之转化为持久的动力，更好地开展工作。

在社交场合，人们不仅要注意自己的举止风度，而且更应该从理想、情操、思想学识和素质上努力完善自己、培养自己，使外在举止风度美的绚丽之花开在内在精神美的沃土之上。

品悟人生

“桃李不言，下自成蹊。”举手投足间尽显迷人风采的人们必然会以其优美的举止言谈、高尚的品德情操，赢得更多人们的喜爱，从而拥有更为丰富的人际关系资源。

“视线接触”中的人气学

我们常常说某位可爱的女孩子的眼睛会说话，这就是讲她的眼睛富于表情。实际上，内心充实、情感丰富的人的眼睛都是十分动人的。

一个良好的个人形象，其目光应是坦然、亲切、和蔼、有神的。特别是在与人交谈时，目光应该注视对方，不应该躲闪或者游移不定。在整个谈话过程中，目光要注意对方，专心、温和、充满热情。

人际交往中诸如疲倦、冰冷、呆滞、漠然、轻蔑、惊慌、敌视、左顾右盼的目光都是应该避免的，更不要对人上下打量，挤眉弄眼。

还有一种眼神叫“凝视”。凝视有多种，有不同的作用。在洽谈、磋商、谈判等场合，凝视对方可给人一种严肃、认真的感觉。注视的位置在对方双眼或双眼与额头之间的区域。社交场合使用的凝视，注视的位置在对方唇心到双眼之间的三角区域。而亲密凝视是指亲人之间、恋人之间、家庭成员之间使用的注视方式。凝视的位置在对方双眼到胸之间。

注视，或是看一个人，在心理学中被称为“视线接触”。这种视线接触越频繁，对方也越会产生好感。我们应该学会被对方注视。把自己和对方换一个位置的话就会明白。如果是讨厌的人，也不会想去看他一眼。相反，如果是自己喜欢的人，就总会去盯着他看。所以注视着你的人，也对你抱有一定的好感。用温柔的、亲切的目光注视对方的话，对方也会产生“他为什么这样看着我呢?”“有机会的话，和他聊聊看!”之类的想法。如果遇到了你喜欢的人，先从注视他开始。

社交中一双真诚而热情的眼睛能够拉近双方的心理距离。眼睛会说人们内心深处的话，它表明了你对人家的好感。充满善意的眼睛不一定是一双美丽的大眼睛，但只要真诚，同样可以赢得人们的好感，让人难忘。

有人说“眼斜心不正”，其实不准确，应该说“心邪眼不正”。心术不正的人不光是喜欢斜视，而且“邪视”，就是眼神中透出邪恶的光。

孟子说过，看人胸中正与不正，要看他的“眸子”，光明垒落、正直的人眼光是光明坦然的，不正直的人眼光是怯懦而灰暗的。

如果我们遇到一个人，眼睛急速地躲开你的目光而闪烁不定，你心里就会很不舒服。

所以，眼神不能滥用。自然眼神是语言表达的得力助手。眼睛是一种无声的语言，能表达比言语更深切、更微妙的含义。许多动物不会说话，会瞪眼，其目的是向对手发出威胁的信号。蝴蝶经过长期进化，翅膀上的斑纹越来越醒目，这种斑纹会使其他动物误认为是猛兽的怒目，从而不敢轻举妄动。

眼神可以显示出一个人的喜悦或冷漠，每一种眼神都有特定的含义：明亮的眼神表示心情愉快；平静的眼神表示温和善良；灵秀的眼神表示聪明智慧等等。可见，在交际活动中注意眼神是非常重要的。

我们的眼神应该智慧、诚恳、明亮、平静、友好、坦然、专注、坚定。切忌挑逗、仇恨、轻佻、卑琐、轻蔑、奸诈、愤怒、凶狠、阴沉、游离、茫然的眼神。

眼神是一种在社交中通过视线接触来传递信息的表情语言。人们历来重视眼睛对行为所产生的巨大影响。思想感情的存在和变化都能从眼睛中显示出来。从理论上讲，眼神主要由以下三方面组成。

一是视线长度。在我们与人交谈的过程中，注视对方的时间是谈话时间的一半左右。如果超过这个比例，说明我们对对方本人比对对方的话更感兴趣；低于这个比例，说明对二者都无所谓。交谈时的其他眼神表现，总的讲要灵活自然。对一般的谈话对象，不要长时间凝视，否则就会让对方有种被侵犯的感觉。

二是视线方向。谈话时，我们注视对方的部位可以显示我们与对方关系的亲疏。在生意、谈判、商务等场合，要用眼睛看着对方脸上的三角部位。这个三角就是双眼和前额的中心位置。如果你看着对方的这个部位，就会显得严肃认真，别人也会感到你有诚意。所以，这是把握住谈话主动权和控制权的重要因素。

品悟人生

"眼睛是心灵之窗"，眼的奥秘在于它会毫无保留地反映出人的喜、怒、哀、乐，反映人的思维活动。从一个人的眼睛中通常能够反映出他的整个内心世界。

肢体语言是无声胜有声的语言

肢体语言对人际沟通起着重要的作用，有时，其重要性甚至超过了语言沟通。其实，在面对面的交往中，一半以上的信息不是通过语言而是通过肢体语言来传递的。

肢体语言是信息发送者把要发送的信息，通过表情、仪表、姿势、动作等传送到信息接收者的视觉器官，再通过信息接收者的视觉神经作用于大脑，从而引起积极的反应，实现信息发送者的目的的一种表达方式。肢体语言包括面部表情、目光接触、身体姿势、人际空间距离、服饰语言等多种方式。

肢体语言直接诉诸于人们的视觉器官，在人际交往过程中具有很重要的意义。心理学家阿尔·伯特梅拉比安曾发现这样一个有趣的公式：一条信息的表达效果等于7%的语言加38%的声音加55%的肢体语言。

这表明，人们获得的信息大部分来自视觉印象。由此美国心理学家艾德华·霍尔曾十分肯定地说："无声语言所显示的意义要比有声语言多得多。"肢体语言独特的有形性、可视性和直接性，对人际交往来说，具有不可低估的特殊价值。

肢体语言能够辅助有声语言表情达意，说话是一种有声语言活动。它诉诸于听者的听觉器官，通过有声语言形式传递信息。但是，有声语言在表情达意上存在着一定的局限性。有声语言往往把所要表达意思的一部分甚至大部分隐藏起来，往往造成所谓的"辞不达意""言不由衷"的效果。根据弗洛伊德的解释，这大概是由于经过理性加工的语言往往不能直率地表露一个人的深层心理和真实意向。对听者来说，有声语言的这种无形性、隐藏性和间接性，往往让他们难以完全地领会说者的意思。由此，"仅依赖文字语言我们永远也不会明白一个人说话的完整含义"。

肢体语言能够弥补有声语言的不足之处，它能通过有形可视的具有丰富表现力的各种动作和表情，协助有声语言将内容准确无误地表达出来。视、听双管齐下，给听者以完整、准确的印象。

石油大王洛克菲勒就深谙此道。他经常用钱币作为道具在桌上演示、说明工人与资本家之间的利益关系，这给工人们留下了极为深刻的印象。专家们指出，医生在问诊时特别注意兼顾有声语言和肢体语言，这样才能给病人更有效的提示，从而获得更为准确的信息，做出准确的诊断。

不仅如此，肢体语言还能加强表达的语气，显示出人内在的情感和态度，使情绪、观点、意见在无形之中得到有力的强调。比如说，教师运用一定的体态动作来教学，可以调节课堂的气氛、突出教学的重点、改善学生的信息接收率。

根据美国心理学家调查，如果教师在讲课时距离学生很远并且毫无表情和动作，学生就只能接受教师发出信息的25%；但如果教师在授课过程中使用图表、字幕等直观的教具，学生的信息接收率可提高到40～50%；如果教师用教鞭指着讲解，并配以恰当的手势和动作，学生的信息接收率即可高达75%以上。由此可见，有声语言和肢体语言是相辅相成的。

肢体语言有助于形成第一印象，体现气质风度，塑造美的形象。

社会心理学有一个理论叫“晕轮效应”。这一理论认为，一个人留给他人的“第一印象”，往往成为他人对其做出判断的心理依据。

心理学家雪莱·蔡根曾经做过一个十分有趣的实验：她在莫萨立顿大学挑选了68个自愿参加实验的大学生。在口才、外貌以及对事物的理解力和判断力上，这些大学生几乎没有什么不同；但在风度仪表方面，有些大学生风度翩翩、气质不俗；有些则仪态平平、气质一般。根据事先的安排，这68个大学生分别向4位素不相识的路人征求意见，希望获得他们的支持。最终的结果，风度翩翩的大学生获得的支持率要远远高于气质一般的大学生。

肢体语言不但能与有声语言互为补充，还能使说话者以动态、直观的形象出现在听者的面前，给他们以直接的印象。肢体语言直接构成主体的体态形象，不仅仅是外观造型意义上的，它还鲜明地体现着主体的内在气质、风度和人格。在日常生活的交往中，人们的举手投足、一颦一笑，无不传递着大量的信息，显露出主体的思想感情、爱憎好恶和文化修养。所以，人们在通过他人的体态动作去衡量别人的价值的同时，也通过自己的动作和姿势来表现自身的风度。

体态语的设计和运用能大大增强这种美学效果，使谈话者声情并茂、形神兼备，还能展现出谈话者风度翩翩、仪态万方的气质。有经验的交际高手总是善于运用恰当、独特的体态动作来改变自己的形象。

美国前总统肯尼迪被人称为具有“超凡的魅力”。在公众场合，不管他说什么，只要做几个动作，就能把听众吸引住。实际上他的身材并不算高大，但他那精心设计过的肢体语言却总是能给人一种形象高大的印象。

肯尼迪的魅力可以说是来自于他体态的魅力、风度的魅力、气质的魅力。拥有了优美的体态风度，就能与人在交流之初建立良好的第一印象，使自己的形象符合对方的期待，一开始就从感觉上、心理上沟通了与对方交流的渠道。

总之，在与他人的沟通交流过程中，我们不仅需要恰到好处地运用语言，还应当尽可能地运用肢体语言来支持与配合。如果我们每个人都能得体地应用自己的目光、表情、手势、姿势等肢体语言和别人进行非语言的交流，那么，一定能创造良好的沟通氛围，增强对他人的感染力，同时也显示出自己卓越的沟通才能。

品悟人生

在人与人之间的交往中，肢体语言是必不可少的。恰当地使用这些无声语言，不但可以让你和他人的沟通更加的顺畅，还能使你的谈吐更加动人。

不雅的体态动作是一种无礼

在同事、老板和客户面前，你是否有这样的体态：斜靠在沙发上、跷着二郎腿，身子扭曲地站立并晃来晃去，走路摇摇摆摆，叉着腰和人说话，……告诉你，当你用这种体态面对他们的时候，你在他们心中已经是形象大跌了，这种“二流子”的做派是对人最不礼貌的表现，不仅会让人觉得你对他们缺乏尊重，还会让人觉得你没有修养，从而看轻你。所以，不注意保持良好的体态，是职场人际关系的大忌。

有一位公司经理，不管在什么场合，一到得意处，便不自觉地抠自己的鼻孔，并且还将抠出的脏物随手弹出。一次，在与合作方进行有关合资立项的谈判，双方谈得非常顺利，马上就将进行到签字生效的程序了。可是就在这时，这位经理旧病复发，得意忘形，手指不自觉地便伸进了鼻孔。这位经理一边与谈判方老总谈笑风生，一边肆意地抠着自己的鼻孔。这个细节被对方老总注意到了，并皱起了眉头。就在这时，这位经理大人手指甲带着一块脏物抽出鼻孔，随即一弹，那一块小小的脏物便飞到了地毯上。对方老总一见，眉头皱得更紧了，立即阻止了正要往协议书上签字的双方代表，随后表示，这份合作意向还需再重新探讨，然后领着自己的人扬长而去，留下这位经理及莫名其妙的谈判人员。合作就此以失败告终。

事后，有人问过那位老总，究竟是什么原因使他在关键时刻阻止了协议签字的。这位老总的一席话传到彼方参加谈判的人员耳中，简直令他们哭笑不得。

那位老总说，“在那样庄重的场合，对方的经理先生竟然当着客人的面抠自己的鼻子，而且还随意地抛掉脏物，说明经理先生的素质是非常低的。经理的素质如此之低，其手下员工的素质也便可想而知了。与低素质的人合作，是要冒极大风险的。我们不愿意拿自己的资金来冒这样大的风险。”

一个小小的坏习惯，破坏了一个合资项目的建立，同时还给合作方留下了素质低下的印象。可见在日常应酬中，一些个人的恶习如果不改，不仅会引起别人的反感，往往也会因此得不偿失。

有些人就是这么一个坏习惯，无论在什么场合，不是抠鼻子，就是挖耳朵，就好像他的鼻子里耳朵里有抠不尽挖不绝的污秽物似的，殊不知这种坏习惯，正是人们所讨厌的，而有着这种习惯的人，在应酬场合不遭到人们的反感那才让人奇怪呢。

体态随意会摧毁你的人际关系，所以，保持良好的体态，做到站姿、坐姿、走姿自然优美，不但能展示出你良好的精神面貌和个人风范，还能让你充满自信和魅力，从而获得更多人对你的认可。

品悟人生

无论是让人觉得你缺乏修养，还是你让人觉得对人缺乏尊重，体态不雅都是人际关系的大忌，因为没有人会结交一个“无礼”的人。

第三章

修炼性格，好人气源自好性格

一个人是不是交际场上的焦点，不在于其受教育程度的高低，也不在于他社会经验的丰富与否，关键在于他能否准确识别并全力发挥自己性格的优势。

牛顿说：“尽管人们把性格看成是先天的，但它仍旧是自我修养的结果。我们不可能生来就固定了某种性格。可近、可亲、富有魅力的性格，是靠自己慢慢培养起来的。”的确如此，好的性格是后天培养出来的。为了将来拥有好的人气，且让我们从培养好性格做起吧。

健全的个性是成功人生的基石

心理学研究结果表明，一个人的性格好与坏在很大程度上对其事业成功与否、家庭生活幸福与否、人际关系良好与否起了决定性的作用。健全的个性是事业成功的基础、家庭幸福的根基、人际关系良好的基石。

心理学中最早的有关性格的学说是卡雷努思根据古希腊名医希波克拉斯的“液体病理说”所提出来的“四气质说”。“四气质说”把人的性格从总体上分为“阳刚”“平淡”“忧郁”及“急躁”等几大类，不同的人各属于其中的一种，这种学说直到今天也让人深有同感。卡雷努思在指出不同的性格对人的一生有不同的积极作用之后，又提醒世人不同的性格还有各自的弱点，它们必然对人的一生产生消极影响。我们要正视如下问题：作为独立的个体，我们该怎样完善自己的个性？作为将来的人夫或人妻、人父或人母，我们该怎样培养孩子健全的个性？

什么是健全、健康的个性呢？心理学者杰拉德指出：能将内心对重视你的人敞开是性格健全的重要特征。同时，要拥有健康的性格，向别人开放自己的内心是最好的办法。

通常，为了努力去适应社会，不与社会发生冲突，大部分人都会不同程度地压抑自己，这在社会生活中是必需的，只是压抑过度就会产生身心理障碍。所以杰拉德强调，即使在社会生活中频频压抑自己的人，至少也要有一处可以倾诉、发泄胸中的郁闷和不满情绪的地方。这是拥有健康性格的必要条件之一。当然，自我开放并非越开放越好。

人与人之间的交往，若一方抱着很高的期望，另一方却关起心灵的大门，两人便无法沟通和交往。所以，敞开自己绝对是发展亲密朋友关系的基本条件。然而，一见面或在公开场合过度吐露自己细腻复杂的心情，怕只会令听者大惑不解，不知所措。所以，自我开放必须看场合，而且要适可而止，才能培养健康的人格。

显然，“健全”包含“健康”和“全面”两个方面的含义。健康的个性已说过了，现在再谈谈全面。这里要澄清一个误解。有人认为，所谓全面的个性，就是各种性格无所不包，全都融合在一个人的身上。这其实不对。个性之所以为个性，必然有与众不同的地方，方能成其为个性。一个什么样的个性都有的人，在现实生活中是绝对找不到的。即使那些左右逢源、八面玲珑的交际高手，也不可能什么样的个性都有。至于伟人，他们更是以某方面的突出个性魅力来感染吸引着群众。

“个性”这个词本身就已注定它强调个别，即这个人不同于那个人的性格因素。既然如此，那么，全面的个性指的是什么呢？我们认为，它是对一个人个性成熟的理论描述，成熟的个性即是一种全面的个性，它以某种突出的性格特征为代表，融会贯通其他性格特征，从而使代表性的性格特征更加完善，取长补短，尽显个人的人格魅力。

社会发展到今天，人的各方面仍未得到充分的发展。由于种种原因，人所固有的气质的某些消极方面被不断强化，走极端的人比比皆是。当今时代是一个充满激烈竞争的商品社会，机会不会白白送上门；人的心理随时会承受各种各样的压力、挫折和失败；瞬息万变的信息要求我们能准确把握信息的诸方面，有能力占有信息，利用信息。全球日益成为一个地球村，我们有同国内外各种人士进行交流的机会和可能，这需要我们有丰富的阅历和在各种环境中从容自如的应变力……复杂的社会需要健全的个性。

随着社会的进一步发展、完善，人的全面发展有了比现在更多的可能。在未来的信息社会、商品经济社会、高科技社会，没有健全的个性，人的才华非但不能充分体现，反而会举步维艰、不知所措。

品悟人生

社会越是文明，越是进步发达，人们越是要保持清醒，给自己的处世原则、发展方向进行准确地定位，而要成为杰出的人才，健全的个性更不可少。

为性格中的优点与缺点定位

性格定位包含两层含义：一是自己属于什么样的性格，二是自己想成为什么样的性格。这就需要充分了解性格中的优缺点，以发扬长处克服短处。

有人说："每个人的性格都有优点和缺点。一味去弥补自己性格缺点的人，只能将自己变得平凡；而发挥自己性格优点的人，却可以使自己出类拔萃。"

一个人的性格特征将决定着其交际关系、婚姻选择、生活状态、职业选择以及创业成败等等，从而根本性地决定着其一生的命运。如果将一个人比作一栋大厦，那么性格就是这座大厦的钢筋骨架，而知识和学问等则是充斥于骨架中的混凝土。钢筋骨架决定着大厦能否建成高耸入云的摩天大楼还是低矮的简易楼房；性格决定着你的一生是悲剧连连、平平庸庸还是建功立业、让人敬仰。

每个人的人生道路都不可能是一帆风顺的。外部环境不顺利时，要学会充分地调节内在自我的情感，及时调整好情绪，一旦学会利用性格的优点，避免性格的缺点，你的人生就有可能立于不败之地。

既然性格决定着一个人一生的命运，那我们就要正视自己的性格缺点，合理地利用自己的性格优点，这样才能达到成功的顶峰。不能正视自己性格缺点的人，只能在成功的脚下徘徊。我们可以列举出自己身上一长串性格的优点，也可以列举出一系列性格的缺点。然而性格的优点和缺点，就像一个硬币的两面，它们相互依存、相辅相成，谁也不可能离开谁。“人最大的长处所在，往往也是最大短处的根源；人最大优势的发挥，常常也是暴露出最大的劣势根源。”每个人只有看清自己的优点，明白自己的缺点，善待自己，不断地完善自己，才能取得成功。

知道了性格优劣及价值的悬殊以后，我们就应将目光投向自己的性格深处。

人类一方面贵为“万物之灵”，是大自然的最高主宰者；另一方面，人类也是有弱点的。19 世纪墨西哥版画家阿·波萨特创作过一幅题为《七种不应有的恶习》的版画，画面上有七只魔鬼般的动物，张牙舞爪地扑向一个人。这七只动物分别代表懒惰、妒忌、谗言、骄傲、酗酒、发怒、吝啬七种恶习。其实，人类的恶习远不止这些，常见的还有愚昧、粗心、粗鲁、懈怠、轻佻、胆怯等等。

人的性格总会表现出二重性——既有优点，又有缺憾。人性的组合总会表现出许多矛盾，性格中相反的两极总是在互相抗争，积极因素如果战胜了消极因素，这个人便表现为良好的性格；反之，就会表现为低劣的性格。每个人的性格都是极其丰富和复杂的，一个人对世界的认识很大程度上是从自我认识开始的。及时为自己的性格会诊，将使你张扬性格中的优点，舍弃或弥补性格中的缺憾。审视自己，诊治缺憾，才会拥有更圆满的人性和人生。

与诗人歌德同时代的克乃勃尔这样评价歌德：“我知道，他不是完全可爱的。他很有些令人不快的方面，我也曾领略过。但他这个人整体的总和是无限好的。”尽管歌德的内心充满矛盾冲突，但他的每一种心态是积极的、善意的。因此，歌德不仅是一个好人，甚至是一个伟大的人，虽然他称不上完美。

不同的性格有不同的优点，同样，不同的性格也包含着不同的弱点。

人的每一种性格不可能是完美的，总会有这样那样的“毛病”，因此，及时为自己的性格会诊、定位是非常必要的。这个世界上的人没有最好的性格，只有更好的性格。你只有不断对自己的性格扬弃和优化，才会赢得良好的人际关系。

品悟人生

每一个热爱生活的人都应该使性格中积极的一面处于上风，并努力减少性格中的负面因素，只有这样才能有好的人气。

人格魅力让你有好人缘

人缘对每个人来说都是非常重要的，拥有了良好的人际关系你才能走向成功。然而怎样才能有好人缘呢？靠金钱地位吗？不，只有你的人格魅力才能为你赢来更多、更牢固的友谊。

人缘是很微妙的东西。我们在世间的一举一动，所接触的大人物或小人物都很可能变成日后成败的因素。而世间，密密麻麻地结着人缘的网，我们每一个人都生活在一个个的网目之中，攀缘着网丝可以和许多人拉上关系。假如我们能和这么多人建立良好的人际关系，使他们成为在事业上帮助你的朋友，在生意上照顾你的顾客，那你一定非常成功。

因此，你结的网丝越多、越坚固，就等于你有一笔无形的巨大的财产。

船王包玉刚在总结自己的成功经验时，就认为善于运用良好的人际关系是重要因素。他跟汇丰银行以及日本商人的关系很不错。汇丰银行给他以支持，实际上是从私人关系上敲开门的。包玉刚向汇丰银行首次借贷时，公司名气不大，自己也没有多少身价，当时汇丰银行不准备贷款给他，但是他与汇丰银行一个小部门的负责人私交甚好，在这层关系下，汇丰银行贷了一笔数额很小的款项给他。包玉刚并不气馁，努力工作，用这笔钱赚取了利润；同时，对他朋友的尽力帮助表示衷心感谢，虽然没能达到大额贷款的目的，二人的友谊却不断加深。后来这位负责人升职为银行的高级决策人员，加上包玉刚把企业管理得很好，使他获得了越来越多的贷款。另外，包玉刚着力发展与日本船商及造船厂的合作，并且运用自己严谨、宽厚、节俭的工作作风赢得了日本商人的赞赏，与他们建立了很好的关系。有一次，因为某种特殊的原因，包玉刚需要提前造好一艘船，当时那家造船厂的活儿已经很满了，但就是因为包玉刚和厂主的关系，厂里毫不犹豫地为他的船加班加点。事成后，包玉刚大赚了一笔。

从包玉刚的身上，我们看到了人缘对一个人的重要性。一个人如果整天愁眉不展、牢骚满腹，还有谁肯接近他？想让人帮助就更不可能了。因为情绪是可以传染的，如果和一个快乐的人在一起，你就会感到快乐。但和一个喜欢闹情绪、多疑而计较的人在一起，你就会感到不舒服，就必须小心翼翼、提心吊胆。所以，人人都喜欢别人给自己带来欢乐，喜欢接近带给自己快乐的人。

许多年轻人在谈及自己的提升或是人生最初起步时，都归功于自己乐于助人、亲切随和的性格，也就是说，在任何可能的情况下都要用积极的心态去对待自己，帮助别人。这正是美国总统林肯最突出的品质之一。

林肯总是替别人着想，不管在什么情况下都能以积极乐观的心态对人，这使得他在任何场合中都能与别人打成一片。律师事务所的合伙人亨恩顿先生说："在林肯先生住所住满了人的时候，他会把自己的床让给别人。然后，他自己就到店里的柜台上睡，卷一卷布当做枕头。"正是这种心态使他获得了好人缘，从政后他更受人民的爱戴。

林肯的好名声为什么不随着岁月的流逝而消失，反而与日俱增，妇孺皆知呢？因为林肯的一生都保持着正直的品格、良好的心态、极好的人缘。试问，在美国的历届总统中，有谁能像林肯那样精神不死、流芳百世呢？看来的确是印证了一句话："人的魅力是世界上最伟大的一种力量。"

品悟人生

人人都喜欢别人给自己带来欢乐，喜欢接近带给自己快乐的人。

好人气，就是以赤诚之心做人

在现代社会，人与人之间的合作是必不可少的，而要与人实现友好合作，你就必须以一片赤诚之心待人，宽宏大量与人为善，包容和吸纳对方的意见，你才能走向成功。

孔子说："二人同心，其利断金。"意思很简单，只要大家齐心协力，就会像一把锋利的好刀，削铁如泥。一切事业都必须精诚合作才有希望成功。

现代社会，人与人之间交往日益频繁，既存在着激烈的竞争，又有着广泛的联系与合作。一个缺乏合作精神的人，不仅事业上难有建树，很难适应时代发展的需要，而且也难在激烈的竞争中立于不败之地。

越是现代社会，孤家寡人、单枪匹马越难取得成功，越需要团结协作，形成合力。从某种意义上讲，帮别人就是帮自己，合则共存，分则俱损。如果因为心胸狭隘，单枪匹马去干事，放着身边的人力资源不去利用，结果只能是事倍功半，甚至更糟。

优秀人才有机结合在一起，就会相映成辉，相得益彰。如今许多企业实行强强联合，就是希望通过合作产生巨大的能量，达成双赢的效果。

一个以敌视的眼光看世界的人，对周围人戒备森严，心胸窄小，处处提防，他不能有真正的伙伴和朋友，只会使自己陷入孤独和无助中；而宽宏大量，与人为善，宽容待人，能主动为他人着想，肯关心和帮助别人的人，则讨人喜欢，易于被人接纳，受人尊重，具有魅力，因而能更多地体验成功的喜悦。

在18世纪，法国科学家普台斯特和贝索勒是一对死敌。他们围绕定比定律争论了有9年之久，他们都坚持自己的观点，互不相让。最后的结果是普鲁斯特获得了胜利，成了定比这一科学定律的发明者。但是，普鲁斯特并未因此而得意忘形，独占天功。他真诚地对与他激烈争论的对手贝索勒说："要不是你一次次的责难，我是很难进一步将定比定律研究下去的。"同时，普鲁斯特特别向众人宣告，定比定律的发现，有一半功劳是属于贝索勒的。

在普鲁斯特看来，贝索勒的责难和激烈的批评，对他的研究是一种难得的激励，是贝索勒在帮助他完善自己。这与自然界中"只是因为有了狼，鹿才奔跑得更快"的道理是一样的。

普鲁斯特的宽容是博大而明智的，他允许别人的反对，不计较他人的态度，充分看到他人的长处，善于从他人身上吸取营养，肯定和承认他人对自己的帮助。正是由于他善于包容和吸纳他人的意见，才使自己走向成功。

这种宽容实在让人感动，想到时下学术界中屡见不鲜的相互诋毁、压制排挤、争名夺利等现象，正直的人都倍觉耻辱。

著名天文学家第谷和科普勒之间的友谊也是一曲优美的宽容之歌。

科普勒是16世纪的德国天文学家，在年轻尚未出名时，曾写过一本关于天体的小册子，深得当时著名的天文学家第谷的赏识。当时第谷正在布拉格进行天文学的研究，第谷诚挚地邀请素不相识的科普勒和他合作一起进行研究。

科普勒兴奋不已，连忙携妻带女赶往布拉格。不料在途中，贫寒的科普勒病倒了。第谷得知后，赶忙寄钱救急，使得科普勒渡过了难关。后来由于妻子的缘故，科普勒和第谷产生了误会，又由于没有马上得到国王的接见，科普勒无端猜测是第谷在使坏，于是写了一封信给第谷，把第谷谩骂了一番后，不辞而别。

第谷本是个有脾气人，但是受此侮辱，第谷却显得出奇的平静。他太喜欢这个年轻人了，认定他在天文学研究方面的发展将是前途无量的。他立即嘱咐秘书赶紧给科普勒写信说明原委，并且代表国王诚恳地邀请他再度回到布拉格。

科普勒被第谷的博大胸怀所感染，重新与第谷合作，他们俩合作不久，第谷便重病不起。临终前，第谷将自己所有的资料和底稿都交给了科普勒，这种充分的信任使得科普勒备受感动。科普勒后来根据这些资料整理出著名的《路德福天文表》，以告慰第谷的在天之灵。

正确评价自己，清醒地看到自己的不足与短处，才能产生与人合作、共同发展的强烈愿望。如果用自己的长处比别人的短处，看不见自己的短处和别人的长处，就很难与人精诚合作。在合作过程中，相互之间难免会有意见相左、磕磕碰碰的时候，也难免有差错、有失误，不能相互宽容谅解的时候，因此能否营造一个和谐宽松的合作氛围，往往直接影响事业的成败。

合作就要互相补台，尤其当合作伙伴的失误给共同的事业造成困难或损失的时候，应该给予充分理解与热情鼓励，开诚布公地指出失误，实事求是地分析原因，心平气和地探讨对策，以帮助合作伙伴尽快走出失误的阴影，振奋精神，这样才能尽快克服困难，尽量减少损失。

有的人遇到困难或不顺就一味埋怨指责合作伙伴，或者有了成绩就想贪天之功，结果是挫伤了别人的积极性，引起别人的反感，妨碍今后的合作，这些显然都不是明智之举。

哲学家威廉·詹姆士曾经说过，“如果你能够使别人乐意和你合作，不论做任何事情，你都可以无往不胜。”合作是一种能力，更是一种艺术。惟有善于与人合作，才能获得更大的力量，争取更大的成功。

品悟人生

以赤诚之心待人，你会赢得更多朋友，多一个朋友，就多了一个世界。

夸夸其谈让你没有人气

有些人自以为有点才能，就四处吹嘘，好让人觉得他是个天才。有些人，发了点小财，就到处夸耀，好像自己是比尔·盖茨。还有些人，做了点小事，就觉得劳苦功高，四处张扬。殊不知这样的人是最讨人嫌的。喜欢吹嘘的人往往是那些没有什么真才实学的人，到处吹嘘都是虚荣心在作怪。达·芬奇说过这么一段话："微小的知识使人骄傲，丰富的知识使人谦逊。"

一个人越是吹嘘，就越容易使人们对你所说的话的真实性产生怀疑。夸夸其谈，只能暴露自己学识欠缺，品味不高，不会让人们觉得你更有魅力。即使你真的有才华有能力，经常吹嘘也会降低人们对你的好感。

古罗马时代有个英雄叫马西尔斯，人们封他为"战神"，因为在公元前5世纪前半叶，他率领部队奋勇杀敌，屡次使罗马城免遭屠戮。由于他经常驰骋在外地的战场上，罗马的人们都没有见过他，这使得他成为谜一般的传奇人物。

公元前454年，马西尔斯打算告别军戎生涯，参加竞选角逐最高层的执政官，从而进入政治界。按照规定，所有候选人都必须在公众投票前发表公开演讲，向人们展示他自己的风范。在演讲会的讲台上，马尔西斯什么也没有说，只是脱下身上的衣服。人们看到了他身上的累累伤痕，感动得泪如雨下，几乎每个人都认定他会当选。

然而，在投票的前一天，马尔西斯在公众场合与公众见面，但是他只与那些陪同他来的高层官员和富有市民说话，而且一味地吹嘘自己的功绩。人们终于认清了他的本来面目：所谓的英雄只不过是个吹牛大王而已。于是，人们决定第二天不投他的票。

中国古代有一位将军，他在大军撤退时总是断后。回到京城，别人都赞扬他退却在后、舍生忘死的精神。将军却说："并非吾勇，马不进也。"

两个故事形成了鲜明的对比，同样是立功的将军，对待自己的功劳却有截然不同的态度。马尔西斯吹嘘自己曾经在战场上的功绩，就是想让人们知道他有多勇敢多伟大，他为国家做过这么重要的贡献。结果却适得其反，人们对他很反感，他把自己说得越神勇，人们对他的失望也就越多。

中国古代的那个将军，他谦逊地把断后的功绩推掉，认为不是自己勇敢，而是因为马不行进，使得自己不得不退却在后。他这样做反倒更加赢得人们的赞誉。谦虚的人对自己的优点不以为然，他们之所以这样做，不是想占什么便宜，而是不愿夸耀自己的功绩。越是这样，这些人就越能得到更大的荣誉。

吹嘘自己的人，常想满足自己被人羡慕受人恭维的快感。当人们发现你言过其实的时候，常常会觉得他们原来的期待受到了愚弄，于是，在失望的同时就会产生报复的心理，排挤那个吹嘘的人。古今中外，因为吹嘘和自以为是而丧命的人不在少数。

公元前131年，一个罗马将军带领部队围攻希腊城堡，需要用撞墙槌攻破城门，但是当时他们并没有准备撞墙槌。将军沉思了一会儿，他想起看到过雅典船坞里有两支沉甸甸的船桅，其中较大的一支船桅可以用来代替撞墙槌，撞开希腊城堡的围墙，于是便下令将较大的这支立刻送来。接到命令的雅典军械师却认为，较短的一支更容易把墙撞开，于是军械师自作聪明，坚持把较短的桅杆送了过去。他深信将军一定会因为他这个明智的决定而赏赐他。

短桅杆运到战场后，将军一看没有按照他的命令来执行，非常生气。然而军械师却一点都没有发觉，仍然兴高采烈地向将军解释送来短桅杆的原因。他滔滔不绝，说自己是专家，在这方面有很深的造诣，深知其中的原理，并表示在这些事情上听取专家的意见才是最明智的，攻城时采用他送来的短桅一定是最有效的。将军越听越怒，从来没有一个人像这个军械师这样敢违抗他的命令，并且还在他面前吹嘘，这使得他觉得自己受到了侮辱，于是还没等军械师说完，就下令把他吊起来，用鞭子把他活活打死了。

有时候沉默胜于千言万语，聪明的人都知道节制，与其夸夸其谈，不如闭起嘴巴。低调不是没有个性，沉默也不代表一无所知，真正的卓越非凡不用吹嘘总有人知道。总是吹嘘自己知识的人，等于宣扬自己的无知；总是吹嘘自己勇敢的人，无疑告诉别人他是个胆小鬼；总是吹嘘自己富有的人，只能证明他是个爱财的人。平平常常的人，谦逊朴实地对待人生，无论他是否有所作为，人们都会对他有个好印象。

品悟人生

吹嘘者自以为能赢得公众的好评，结果却毁掉了自己在人们心中的形象，不能获得好的人气。

善用“和”字处理问题

“君子和而不同，小人同而不和。”孔子的意思是说，君子可以与他周围的人保持和谐融洽的关系，但他对待任何事情都必须经过自己大脑的独立思考，从来不愿人云亦云，盲目附和；但小人则没有自己独立的见解，只求与别人完全一致，而不讲求原则，但他却与别人不能保持融洽友好的关系。

在日常生活中，人们对某一事物持有不同的看法，这本身是很正常的事情。真正的朋友应该通过交换意见、沟通思想而取得共识。有时候，思想即使暂时统一不了也不会伤了彼此的和气，时间一长，就可以看出谁对谁错了。所以，真正的君子之交，并不寻求总是保持思想一致，相反，不隐瞒自己的观点，并且还能容忍对方的不同意见，才算得上是肝胆相照。但是，有的人根本就没有自己的思想，只知道人云亦云、见风使舵，或是故意隐瞒自己的思想；还有的人就是凡是“敌人”的观点，即使正确也要加以反对；凡是朋友的建议，即使错了也一律听从。这样做，就使得人与人之间划出了不同的圈子，结成了不同的帮派。其“朋友”的真正意义也就荡然无存了。

我们不难看到，“以和为贵”是中国文化的根本特征和基本价值取向。“君子和而不同”正是对“和”这一理念的具体阐发。“和而不同”实质上追求的是内在的和谐与统一，而不是表象上的相同与一致。今天，“和而不同”是人类共同生存的基本条件和基本法则。

在人与人、人与自然的关系上，中国传统文化历来主张平衡和谐，“以和为贵”是中国文化的根本特征和基本价值取向。“君子和而不同”正是对“和”这一理念的具体阐发。这里，“君子和而不同”似乎可以区分为两种情况：就自身而言，不高明的人，见到旁人的成功就一窝蜂随大流地模仿别人，反而引起恶性竞争，最终导致不和谐；高明的人总是与别人相协调，但并不盲目地重复或附和别人，因协调而不重复故能达成和谐。

美国曾经掀起过淘金热潮，淘金生活异常艰苦，最痛苦的是没有水喝。因此，人们一面寻找金矿，一面不停地抱怨，甲说：“谁让我喝一壶凉水，我情愿给他一块金币。”乙宣布：“谁让我痛饮一顿，我将给他两块金币。”丙发誓：“我出三块金币！”当时也是淘金者的亚默尔，同样也遭遇到没水喝的困境，也发出过没水喝的抱怨声。

但后来亚默尔不再抱怨了，他从“没水喝”的问题中发现了机遇：如果将水卖给这些人喝，比挖矿更能赚钱，于是他毅然放弃淘金，用挖金矿的铁锹去挖水渠，将水运到那里，一壶一壶卖给找金矿的人。一起淘金的伙伴们都嘲笑他：“不挖金子发大财，却干这种蝇头小利的买卖。”后来，那些淘金者大多空手而回，而亚默尔却在很短的时间内靠卖水发了大财。

亚默尔顺应了淘金的潮流，这是“和”；但他没有重复别人，这是“不同”，合起来就是“和而不同”，所以他比别人高明，发财是对高明者的应有报偿。

所以，高明的人总是追求和谐，为此而包容差异，在丰富多彩中达成和谐；不高明的人，总是强求一致，因容不得差异而往往造成矛盾冲突。

用碎石铺路、乱石砌墙，一块块乱石奇形怪状，一块块碎石各不相同，但路一旦铺就，犹如一体天成；墙一旦砌成，风格和谐统一。再比如，一个乐队，想要演奏出和谐美妙的音乐，需要使用十几种乃至几十种不同的乐器，各奏其乐，各发其声，从而汇成宏大动听的交响乐。反之，如果乐队中都使用同一种乐器，其单调乏味是可想而知的。又比如，生物分雌雄，动物分公母，人类分男女，倘若世界上只有同一个性别，也就无法造就新的生命。我们的世界本来应当是一个“和而不同”的多样性的世界。

那么，如何才能达成“和”的局面呢？孔子为我们指出了答案：“不同”，也就是不要求与别人重复，不强求非与他人一致。只要在大目标不冲突的前提下，承认差异，尊重差异，乃至包容差异，就能化解矛盾，共存共荣。

只要愿意共存共荣，就必然要磨合。磨合就是通过接触、交流、沟通来达成共识，以达到“和”的目的。

品悟人生

没有完全一致的、十全十美的朋友，求同存异，和谐相处，是最大的收获，最愉快的结果。

讨人喜欢，不妨情淡似水

每个人都希望获得良好的人际关系，于是，每每在和他人打交道的时候，总会拿出十二分的热情，希望借此获得他人的好感。但是，有些人掌握不好这个度，在和他人交往的时候，常常太热情了，缺乏待人应该有的含蓄，从而毁了自己的人气。

小梅是一个单纯的女孩，刚进公司时几乎博得了所有人的喜爱，可是，没过多久，大家就渐渐受不了她了，都尽量减少与她的直接接触。因为她经常跟同事发嗲，搞得同事一听见她说话就头皮发麻。

一次，老板让小梅处理一大堆文件资料，可小梅却迟迟没有交差，问她原因，她却神色紧张地说：“哎呀，我吃饭时不小心，袖子上沾了一滴油，所以就赶紧去弄干净了嘛！”

老板听了这话，差点没气晕过去。不久，小梅就接到了解聘通知。

在人际交往中，人们赞赏含蓄之美，女人多一份矜持，男人多一份淡定，能让一个人显得更有内涵。

法国电影明星洛依德开着一辆法拉利跑车进入了一家检修站，一个女工接待了他。这是一个年轻的女孩子，她的美貌让洛依德心猿意马，她灵巧的双手更让人一看就知道她不是普通的花瓶女。唯一让他不太满意的是——整个巴黎都知道他——大名鼎鼎的影帝，这个女孩子却没有丝毫的惊讶和兴奋。

“您喜欢看电影吗？”洛依德试探着问她。

“当然喜欢，我是个影迷。”女工手脚麻利，很快检修完毕：“您可以开走了，先生。”

“小姐，您可以陪我兜兜风吗？”洛依德恋恋不舍。

“不！我还有工作。”对方居然拒绝了他。

“这同样是您的工作。”洛依德可是个情场高手，怎能轻易放弃？他笑笑说：“您修的车，最好亲自检查一下。”

“好吧，是您开还是我开？”女工同意了。

“当然我开，是我邀请您的嘛。”洛依德一边坐到驾驶座上，一边回答。

车子行驶得很好。

“看来没什么问题，您送我回去吧。”女工说道。

“怎么，您不想再陪陪我了？我再问一遍，您喜欢看电影吗？”

“我回答过了，喜欢，而且是个影迷。”

“既然您喜欢看电影，那您知道我是谁吗？”

“当然知道，您一来我就认出您是当代影帝阿列克斯·洛依德。”女工平静地回答。

“既然如此，您为何对我这么冷淡？”

“不！您错了，我没有对您冷淡。我只是没有像别的女孩子那样狂热。您有您的成就，我有我的工作。您来修车是我的顾客，如果您不再是明星了，再来修车，我照样会接待您。人与人之间，不就应该这样吗?”

洛依德沉默了。在这个普通的女工面前，他感觉到自己是多么浅薄和狂妄。

“小姐，谢谢你！您让我意识到，我应该认真反省一下自己了。现在让我送您回去，下次修车我还会找您。”

后来，这位女工成为了洛依德的妻子。

正是这位女工情淡似水，表现出了含蓄之美，才让洛依德一见倾情。

人生在世，谁不希望活得更体面些？谁不希望受人尊重？可是一旦把握不住情感表露的尺度，没等同事看到你的热情，就暴露了你的欲望，这是对自尊的亵渎，最终总是逃不脱被人轻视的遭遇。过度的热情只会让人尴尬，还不如稍微保持几分冷淡。

品悟人生

在交往中，人们赞赏含蓄之美，女人多一份矜持，男人多一份淡定，这能让一个人显得更有内涵。

和善比愤怒与暴力更有力量

在现实中，我们难免会与他人发生摩擦，这时，我们就应该多有容人之过的胸怀。自己有理，心里知道就好了，千万不要得理就不依不饶的！

古代有一个叫沈道虔的人，家有菜园，种有萝卜。一天，沈道虔从外面回家，发现有一个人正在偷他家的萝卜，他赶紧避开，等那人偷够了离开后他才出来。又有一次，有人拔他屋后的竹笋，沈道虔便让人去对拔竹笋的人说：“这笋留着，可以长成竹林。你不用拔它，我会送你更好的。”他让人买了大笋去送给那人，那人羞惭地没有接受，沈道虔就让人把大笋直接送到了那人家里。沈道虔家贫，常带着家中小孩去田里拾麦穗。偶尔遇上其他拾麦穗的人相互争抢麦穗，他就把自己拾到的全部给争抢的人，争抢的人非常惭愧。

沈道虔“纵容”小偷偷他家萝卜，表面看来，无是无非，甚至显得窝囊懦弱，但实际上，却显出了他宽大厚道的为人，而这种有修养的行为，也为他赢得了尊重和补偿。

俗话说：“一滴蜜比一加仑胆汁，能招来更多的苍蝇。”确实，温柔与和善比愤怒与暴力更强而有力。

一位社交界的名人——戴尔夫人，来自长岛的花园城。戴尔夫人说：“最近，我请了少数几个朋友吃午饭，这种场合对我来说很重要。当然，我希望宾主尽欢。我的总招待艾米，一向是我的得力助手，但这一次却让我失望。午宴很失败，到处看不到艾米，他只派个侍者来招待我们。这位侍者对第一流的服务一点概念也没有。每次上菜，他都是最后才端给我的主客。有一次，他竟在很大的盘子里上了一道极小的芹菜，肉没有炖烂，马铃薯油腻腻的，糟透了。我简直气死了，我尽力从头到尾强颜欢笑，但不断对自己说：‘等我见到艾米再说吧，我一定要好好给他一点颜色看看。’”

“这顿午餐是在星期三。第二天晚上，听了为人处世的一课，我才发觉：即使我教训了艾米一顿也无济于事。他会变得不高兴，跟我作对，反而会使我失去他的帮助。我试着从他的立场来看这件事：菜不是他买的，也不是他烧的，他的一些手下太笨，他也没有法子。同时也许我的要求太严厉了，火气太大了。所以我不但准备不苛责他，反而决定以一种友善的方式作开场白，以夸奖来开导他。这个方法很有效。第三天，我见到了艾米，他带着防卫的神色，严阵以待准备争吵。我说：‘听我说，艾米，我要你知道，当我宴客的时候，你若能在场，那对我有多重要！你是纽约最好的招待。当然，我很谅解：菜不是你买的，也不是你烧的。星期三发生的事你也没有办法控制。’我说完这些，艾米的神情开始松弛了。”

“艾米微笑地说：‘的确，夫人，问题出在厨房，不是我的错。’”

“我继续说道：‘艾米，我又安排了其他的宴会，我需要你的建议。你是否认为我们再给厨房一次机会呢？’”

“呵，当然，夫人，当然，上次的情形不会再发生了！”

“下一个星期，我再度邀人午宴。艾米和我一起计划菜单，他主动提出把服务费减收一半。当我和宾客到达的时候，餐桌上被两打美国玫瑰装扮得多彩多姿，艾米亲自在场照应。即使我款待皇后，服务也不能比那次更周到。食物精美，服务完美无缺，饭菜由四位侍者端上来，而不是一位，最后，艾米亲自端上可口的甜美点心作为结束。”

“散席的时候，我的主客问我：‘你对招待施了什么法术？我从来没见过这么周到的服务。’”

“她说对了。我对艾米施行了友善和诚意的法术。”

和善是润滑剂，它能协调我们与他人之间的关系。不要得理不饶人，不要睚眦必报，试着用和善对待一切，它会比所有的愤怒和暴力加起来更有力量。

品悟人生

在与人“打交道”的过程中，尤其是当发生冲突时，更要多点和气与友善，多设身处地想想对方，这样才能减少矛盾，化解激进情绪，促进人际关系的和善、和谐。

谦虚使你的影响更深厚

在春秋时期，宋国有个叫高阳应的大夫。一次，他准备盖一幢房子，在自己的领地砍了一批木材。他马上就把它们运回了房址，要求工匠即日动工盖房。

工匠看到地上刚被砍伐下来湿润的树干，就对高阳应说："这些刚砍伐下来的木头含水量太大，柔韧而又容易弯曲。房子开始建起来的时候，会比较坚固，但随着时间一长，这种用湿木料盖的房子很容易倒塌。"

高阳应听了不以为然地说道："难道你不知道湿木头干了会变硬的道理。时间一长，湿木料就变硬了，变硬的木料支撑着房子，那怎么会倒塌呢?"

工匠们只是凭经验行事，并不能讲出实际的道理。于是，工匠只好遵照高阳应说的去办。

尽管湿木料给工匠们带来切削和拉锯不方便的困难，但工匠们还是一一克服了它们，他们按尺寸很快建好了一幢新房。

住上新房的高阳应自然高兴万分。他认为之所以完工这么快，主要归功于自己用聪明的思维说服工匠的结果。过了不久，高阳应的这幢新房发生倾斜，逐渐地，越来越严重，最后房子真得倒了。

作为古代的一个大夫，高阳应位高权重，在安邦定国方面的本领肯定要比工匠们强，但在盖房子方面，他只不过是一个门外汉而已，他的自以为是，为自己种下了房子倒塌的苦果。

说到谦虚，这是一个古老的话题，无论是古人，还是现在的人，都对谦虚有着自己独到的深刻体会。古代大思想家孔子说："满招损，谦受益。"英国伟大的物理学家、数学家、天文学家牛顿有一句名言："我不知道人家怎样看我，但是在我自己看来，我就像一个在海滩上玩耍的小孩子，偶尔拾到一片较为光滑的圆石，而真理的大海我并未发现。"

谦虚是来自自己心灵的自我认识，越有成就的人越谦虚，因为一个有成就的人，他一定经历了攀爬人生高峰的苦涩，当他站得高、看得远时，他就会发现自己对于广大的天地来说，是那么微不足道。他真正懂得"人外有人，山外有山"的深远境界。所以他们把谦虚当成了修身处世的准则。

虚心的人总像大海一样，把自己的位置放得很低，容纳着万物生灵。他们从不去刻意表现自己，不与人争强好胜，他们尊重别人，即使不如自己的人也很尊重。他们认为，每个人都有学习的长处，只要发现别人的这点长处，马上就去学到，并运用到实际生活中去，逐步地，他们的能力就在这种默默灌溉中突飞猛进。

品悟人生

谦虚的人处事总能高瞻远瞩，待人总是宽宏大量，能容纳别人的不同意见，这种高尚的品质，使别人更加敬仰。

偏激使理性沦丧

一个人有主见，有头脑，不随人俯仰，不与世沉浮，这无疑是值得称道的好品质。但是，这还要以不固执己见、不偏激不执拗为前提。

情绪上的偏激，是做人处世的一个不可小觑的缺陷。

三国时代的关羽，过五关，斩六将，单刀赴会，水淹七军，是何等英雄气概。可是他致命的弱点就是刚愎自用，固执偏激。当他受刘备重托留守荆州时，诸葛亮再三叮嘱他要“北据曹操，南和孙权”，可是，当吴主孙权派人来见关羽，为儿子求婚，关羽一听大怒，喝道：“吾虎女何肯嫁犬子乎!”总是看自己“一朵花”，看人家“豆腐渣”，说话办事不顾大局，不计后果，导致了吴蜀联盟的破裂。最后刀兵相见，关羽也落个败走麦城、被俘身亡的下场。

本来嘛，人家来求婚，同意不同意在你，怎能出口伤人，以自己的个人好恶和偏激情绪对待关系全局的大事呢？假若关羽少一点偏激，不意气用事，那么，吴蜀联盟大约不会遭到破坏，荆州的归属可能也不是另外一种局面。

关羽不但看不起对手，也不把同僚放在眼里，名将马超来降，刘备封其为平西将军，远在荆州的关羽大为不满，特地给诸葛亮去信，责问说："马超能比得上谁？"老将黄忠被封为后将军，关羽又当众宣称："大丈夫终不与老兵同列！"目空一切，气量狭小，盛气凌人，其他的人就更不在他眼里，一些受过他蔑视侮辱的将领对他既怕又恨，以致当他陷入绝境时，众叛亲离，无人援救，促使他迅速走向败亡。

现实生活中，凡不能正确地对待别人的人，就一定不能正确地对待自己。见到别人做出成绩，出了名，就认为那有什么了不起，甚至想尽千方百计诋毁贬损别人；见到别人不如自己，就冷嘲热讽，借压低别人来抬高自己。处处要求别人尊重自己，而自己却不去尊重别人。在处理重大问题上，意气用事，我行我素，主观武断。像这样的人，干事业、搞工作，成事不足，败事有余，在社会上恐怕很难与别人和睦相处。

偏激的人看问题总是戴着有色眼镜，以偏概全，固执己见，钻牛角尖，对人家善意的规劝和平等商讨一概不听不理。偏激的人怨天尤人，牢骚太盛，成天抱怨生不逢时，怀才不遇，只问别人给他提供了什么，不问他为别人贡献了什么。偏激的人缺少朋友，人们交朋友喜欢"同声相应，意气相投"，都喜欢结交饱学而又谦和的人，而偏激的人老是以为自己比对方高明，开口就梗着脖子和人家抬杠，明明无理也要搅三分，谁愿和他打交道？所以偏激的人大多人缘很差。

性格和情绪上的偏激是一种心理疾病。它的产生源于知识上的极端贫乏，见识上的孤陋寡闻，社交上的自我封闭意识，思维上的主观唯心主义等等。对此，只有对症下药，丰富自己的知识，增长自己的阅历，多参加有益的社交活动，同时，还要掌握正确的思想观点和思想方法，才能有效地克服这种"一叶障目，不见泰山"的偏激心理。

一个人有主见，有头脑，不随人俯仰，不与世沉浮，这无疑是值得称道的好品质。但是，这还要以不固执己见，不偏激、不执拗为前提。无论是做人还是处世，头脑里都应当多一点辩证观点。死守一隅，坐井观天，把自己的偏见当成真理至死不悟，这是做人与处世的大忌，如果不认真纠正这种"关羽遗风"，就很有可能会使自己误入人生的"麦城"

而转不出身来。

为人处世过于偏激，爱钻牛角尖，应该要注意以下三个方面：

1. 禁忌行为上的莽撞

偏激在行动上的表现是莽撞从事，不顾后果，这种人根本和变通处事不搭界。

2. 禁忌认识上的片面

偏激的人以绝对的、片面的眼光看问题，以偏概全，固执己见，钻牛角尖，忽视他人善意的规劝和平等商讨。试想，这样的人谁愿和他打交道？比如，有的学生一次考试考好了，就以为自己什么都好，洋洋自得，容易产生骄傲情绪。而有时一次考试不理想，就消沉到底，一蹶不振，认为自己什么都不行了。

3. 禁忌情绪上的冲动

偏激在情绪上的表现是按照个人的好恶和一时的心血来潮去论人论事，缺乏理性的态度和客观的标准，易受他人的暗示和引诱。如果对某人产生了好感，就认为他一切都好，明明知道是错误、是缺点，也不愿意承认。

品悟人生

处处要求别人尊重自己，而自己却不去尊重别人，在处理重大问题上，意气用事，我行我素，主观武断，像这样的人，干事业、搞工作，成事不足，败事有余，在社会上恐怕也很难与别人和睦相处。

嫉妒是人气的毒药

“别人为什么奖金比我多？为什么升职比我快？我不明白，简直受不了！”这是“红眼病”们的普遍心态。

当他们看到别人比自己出色、比自己能力强、比自己受赏识、比自己晋升快时，他们的嫉妒之心往往就会在瞬间膨胀到极点，就会做出一些缺乏道德、甚至失去理智的事情来。

他们或对他人冷嘲热讽，极尽挖苦之能事；或是到处散播他人的种种不是；甚至是在日常工作上处处为他人设置障碍，以看到其难堪、羞辱和惨败为乐……

有这种“红眼病”习惯的人无疑已经渐入病态，得了一种很难根治的心理疾病。患这种病的人是无法与他人形成良好地配合，甚至于经常矛盾丛生，而他们做出的那些制造摩擦的事情，自然也就难以得到上司的赏识，进而会受到冷落、厌烦，直至被淘汰。所以说，嫉妒是人气的毒药。

自从新人小王进入银行以后，老吴一直是满腹牢骚，他自认为资历很深，而且业绩也不错，但多年来却一直没有再次得到晋升。而那个新来的小王刚参加工作不久，能力比自己逊色很多，却很快就被列为后备干部重点培养。

老王忍受不了这样的“不公平”，于是，他眼红了，刻意制造了一起“意外”：在小王盖章封包的一叠 2 元人民币中，他偷偷地夹杂了十几张 1 元人民币！

这种事，明眼人一看便知道是陷害，事情结果查清以后，小王是照升不误，而老吴的工作却因此泡了汤！

其实，嫉妒之心人人都有，谁也无法坦然宣称自己从不嫉妒别人！从古至今，在历史上、在文学作品中，嫉妒一直是与人类如影随形的，《三国演义》中的周瑜在嫉妒，《红楼梦》中的林黛玉也在嫉妒。

小张和小王同在一个公司中的同一个部门工作，平常关系很要好，可是在不久之前，两个好朋友却闹翻了脸。

原来是不久前，公司总经理要求部门主管推荐一名员工，公司将送他到国外去培训。这当然是个非常好的机会，小张和小王都非常期待，可是小王知道部门主管很有可能要推荐小张而不会推荐自己，因为小张的表现和业绩一直都非常好。

为了争得这个机会，小王竟然给总经理写了一封匿名信，“揭发”小张的种种“劣迹”。收到匿名信的总经理大怒，下令调查所有的事，包括匿名信出自谁手，主管得知这件事后也大为震惊，最后的结果自然是总经理没有从这个部门选择任何人去国外深造，而且小王也被调查出来被炒了鱿鱼，主管也被降职，因为总经理认为他带领的部门没有团队精神。

你绝不能让这种嫉妒发展成为一种病，以致出现高烧、眼红、痉挛等诸多症状。因为此时的嫉妒就会成为一种让人失去理智的“红眼病”，一把双刃剑，除了伤害你自己之外，也会驱使你去伤害别人。

品悟人生

你有没有想过你的嫉妒会给别人带来怎样的伤害呢？你有没有想到你的嫉妒会让你的团队氛围荡然无存呢？你有没有想过你的老板对你的嫉妒会不会感到无比的厌恶呢？

第四章

控制好情绪，脾气好人气才好

你无法改变事实，但你可以改变心情；你无法控制他人，但你可以控制自己的情绪。哪怕是遇见让你讨厌的人，遇到让你烦心的事，只要学会了掌控情绪的正确方法，你的人气就会与日俱增。

不做在办公室哭泣的女生

无论是从历史掌故中还是人们的亲身经历中，都让人觉得哭泣是获得认同和支撑的最好工具。民间流传着一句俗语：“刘备的江山，哭出来的。”刘备生平善哭，遇到不能解决的事情，就会对人痛哭一场，一部《三国演义》写刘备哭的大概有十次之多，每每不是获得人同情就是转败为胜。生活中我们也有这样的经历：当对方突然泪流满面时，你的心一下子就会软起来，不由得对痛哭者有几分同情和退让。

历史的榜样和亲身的经历，让很多人相信哭泣有软化和获得人心的功用，但是，这里的榜样只是一个传说而已，其中的经历也只是对哭泣者无关痛痒的怜悯。

哭泣是一种宣泄，是对待刺激的正常反应。一般来说，女人更喜欢通过眼泪表达自己的心情，悲伤、惊喜、压力、疲劳都会引起她们的泪腺反应。女人是水做的，不会哭的女人不是百分百女人。但是，在办公室里哭泣，却是大忌。

亚美捧着电话打，声音越来越重，语气越来越激烈，等她“啪”的一声把电话搁下，眼泪也“刷刷”流了下来。她的位置在小五的斜对面，小五自然是看到了，可总觉得在办公室流泪很尴尬，还不如装作看不见，免得她更尴尬。

亚美却越哭越厉害，索性趴在桌子上抽泣着说：“我做不下去了……怎么又要我出差呀!”

这样一来，大家都各自抬头，开始关心她。她断断续续地说了缘由，在外出差的上司打电话，让她去新疆出差，亚美觉得出差很辛苦，就哭了。

这已经不是亚美第一次在办公室哭泣，以前也有类似的事情，有时还会因为老家来的电话哭泣。所以，听她说完，大家的安慰都有点淡。等她渐渐平静，走出办公室去洗手间清理一下的时候，老马先笑着说了一句：“亚美毕竟年轻啊，那么点事情也哭，唉，年轻真好!”这样的言下之意，其实多少有点笑她的幼稚了。

小五也接了一句：“唉，其实哭也解决不了什么问题的。”他心底的说法是：哭有什么用呢？真正解决问题的能力又没有，这事情，估计又该是上报给总部，然后总部可能就指派他人去解决啦……

老马说话比较直接，说：“哎呀呀，人家年轻嘛，哭起来有人同情，老张知道了就会帮她解决的!”

一旁的李三冷笑了一下：“老张出面的话，老板可能就安排别人去了。”

老马叹了口气：“为工作，何必哭呢？真觉得不能做就别做，为了工作哭最不值得。”

等亚美回来，大家这样的议论已经停止，她也永远不会知道她这一哭，大家心目中的她承受能力太差。

后来，公司在分组的时候，没有人愿意和亚美搭档，因为大家心里觉得，亚美是个经不住挫折和困难的人，和她搭档工作，只能是自己的累赘。

在办公场所哭，对自己有百害而无一利。你不会因为梨花带雨而博得大家的怜爱和同情，唯一能证明的就是你软弱无能，老板从此不敢委你以重任，同事不敢和你合作：万一在大客户面前哭起来可怎么办？

职场是一个弱肉强食的场所，弱了就难以生存。哭泣，博取的那些卑微同情有什么用呢？只能让人觉得你软弱，让人看不起。所以，不要带眼泪进办公室，实在忍不住要哭，务必跑到外面，洗手间就是个好选择，哭好洗好，再抖擞上阵。出来有人问你为什么眼鼻通红，大可以笑笑回答："刚打了个哈欠。"

那些柔情万种的妹妹在任何时候都要忍住眼泪，学会将自己水做的骨肉榨干成铿锵玫瑰。你就会拥有独当一面的能力，表现出巾帼不让须眉的霸气。专业、果断、敏锐，尽责，看起来坚韧不拔、充满智慧，这样的人，即使是看起来有些弱不禁风的女子，同事也都愿意团结在她的周围。

品悟人生

有时候，能不能获得人们的尊重和良好的人际关系，就看你对委屈的态度。应该说，一个人越能忍受委屈，他的人际关系就越好；他忍受的委屈越多，他就更能得到别人的尊重。

耍小性子等于自毁人气

不懂得控制自己的情绪最突出的表现就是耍小性子，这些人不管在什么场合，不管遇见什么人，只要稍有不快便依自己的脾气做事。耍小性子不仅是对别人不尊重、不礼貌的行为，更会给人以没有教养的感觉。在交际中，经常耍小性子的人，很难和人正常相处。没有人喜欢坏脾气的人，耍小性子还会加深了身边人的怨气，所以说，耍小性子等于自毁人脉。

小勇是公司新招来的大学生，是做策划的。一次，公司准备为一个知名品牌的运动鞋做宣传，便让小勇负责策划方案。可是，当上司告诉小勇他这个方案根本无法实施时，小勇的小性子一下子就上来了，立刻板起面孔来，好几天都阴沉着脸，也不和任何人说话，同事有事打电话他也不接，还时而在办公室摔东西泄愤，弄得同事整天小心翼翼地和他一起工作，他们简直把小勇看成了一颗定时炸弹，都避而远之，害怕稍有不慎，小勇会把怨气发在自己身上。

现在的年轻人在家里大都是独生子女，从小就是“集三千宠爱于一身”：上小学时，有家长背着书包接送；上大学时，有老爸、老妈前呼后拥；等到他们进了职场，其中的很多人有一副“小姐”“少爷”的做派，动不动就要小性子。

小勇的这种做法很显然是要了“少爷”的性子，其实，这不过是最小儿科的做法，任何一个有理智、懂人情的人，都不会犯这样低级的错误。

可是，如果细细数来，你就会发现，类似小勇这样要小性子的人不少，有些人爱冲动，稍有不快便火冒三千丈，大有和人拼命架势，于是，没有人敢和他近距离接触，就是同事也对其敬而远之。

刘玲是一家大型企业的高级技术员，她的能力是有目共睹的，无论是工作能力，还是技术水平，都处在单位的一流水平，上司对她的能力也是充分肯定的。平时，刘玲的热情大方，率真自然，在工作上也喜欢对同事进行帮助，经常做些份外事，不论是在同事还是领导心中，她都是比较受人欢迎的人。

不久，单位提拔她的同事小张。公正地说，刘玲要比小张优秀的多。对于自己没有被提拔，刘玲没有义愤填膺地跑到上司的办公室去“质问”，更没有并义正辞严地与上司“理论”，只是在肚子里生闷气。

从那以后，刘玲对同事和工作不再像先前那么热情了，有时候，同事向她请教技术问题，她还愤愤地说：“你问小张去！”经常这样让同事下不来台。

不久，公司下文，让刘玲担任技术部主任，带领部门进行一项技术攻关任务。刘玲心里清楚，在技术部，只有自己才能带领同事进行技术攻关，可是，先前未被提拔的不满情绪依然积在心中，她居然以种种理由拒绝了公司的提拔。

公司的领导并不知道刘玲在耍小性子，还认为刘玲在谦让。于是，公司的领导不仅找刘玲谈话，还让和她一个办公室的老周一起劝说她接受这项任命，可刘玲死活不肯接受。

公司的领导不明白刘玲为什么拒绝，后来从员工那里了解到刘玲是在耍脾气，公司果断地撤销了任命书，改聘另一位技术员为技术主任。

后来，不仅上司开始疏远刘玲，原本和她关系较好的小张，也不再理睬她了。第二年，刘玲和同事的关系降到了冰点，领导也不再赏识她，刘玲已经不再是同事中的红人了。

爱耍小性子的人，会给人不成熟、很难相处的印象。很难融入到同事中去，同事也很难在心理上接纳他们。因为身边的同事会有这样的防范：和爱耍小性子的人在一起，说不定哪天会让你下不来台。所以，人们大都不喜欢和这样的人走得太近。

品悟人生

要想获得良好的人气，不能任由自己的脾气行事，否则，会在不经意中伤害到与上司和同事的感情，自毁人脉。

与其抱怨别人，不如做好自己

有些人在遭遇不快时，虽然不会暴跳如雷，但是总喜欢牢骚满腹，抱怨不断。牢骚和抱怨虽然是情绪波动的反映，也是心理“自卫”的行为，但是，千万不要认为你的抱怨无足轻重，因为抱怨会在不经意中蚕食你的人气。

很多人可能会问，抱怨与人际关系有什么联系？本杰明·富兰克林说：“任何愚人都会批评、指责和抱怨——而且大多数愚人正是这么做的。”通常情况下，一个人在有问题时才会抱怨。然而，如果你抱怨的都是一些很小的事情，而且天天有抱怨情绪，那就会给人一种“无能”

的印象；如果你时常对他人进行抱怨和指责，想要一逞口舌之快时，抱怨只会让你的情绪变得更加愤恨，很容易伤害他人，那么你就会被认为是个不合群、人际关系有问题的人。

小刘在一家公司打工，刚进公司时和公司其他的业务员一样，拿很低很低的底薪和很不稳定的提成，每天的工作都非常辛苦。

一天，他拿着一个月的工资回到家，向父亲抱怨说："公司老板太抠门了，给我们这么低的薪水。在公司里，老板不重视我，同事也不给我好脸色，我恨这个公司！"

父亲建议道："我举双手赞成你报复！一定要给公司点颜色看看。不过你现在离开，还不是最好的时机。"

小刘问："为什么？"

父亲说："如果你现在走，公司的损失并不大。你应该趁着在公司的机会，拼命去为自己拉一些客户，成为公司独当一面的人物，然后带着这些客户突然离开公司，公司才会受到重大损失。"

儿子觉得父亲说的非常在理。于是努力工作，事遂所愿，半年多的努力工作后，他有了许多的忠实客户。

这时父亲问儿子："现在是时机了，要辞职就赶快行动。"

儿子淡然笑道："我不走了，我和很多同事相处的很好，老总也器重我了，老总还跟我长谈过，说准备升我做副总经理，我暂时没有离开的打算了。"

其实这也正是父亲的初衷。

抱怨是失败的源头，与其抱怨，不如做好自己。事业是这样，职场中人际关系也是这样。

抱怨就像用烟头烫破一个气球一样，让别人和自己泄气。谁都不愿意靠近牢骚满腹的人，怕自己也受到传染。抱怨也会影响其他人的情绪，让不明真相的人心理产生波动，这不仅会破坏工作的氛围，而且这种行为也必将受到指责。

命运对于王军来说，可谓不公平，由于家庭条件不好，他不得不中途辍学养家。更为糟糕的是，由于小时候的一场车祸，他的一条腿留下了残疾。因此，即使是做普通工作，王军也感到很吃力，由此，他开始抱怨老天不公，抱怨别人不能善待于他。或许是因为抱怨，王军换了好几份工作。

王军的奶奶开了一个小杂货店，为人慈祥又和气，邻居们都喜欢和她聊天。奶奶看到王军抱怨，就把王军拉到身边，让她看自己和邻居说话。

有一次，邻居张大爷前来买香烟。奶奶问他："今天怎么样啊，张大爷？"

张大爷长叹一声说道："唉，今天不怎么样啊，老嫂子。你看看，这天气这么热，气死人了。这种鬼天气，真要命啊！"

奶奶一边给他拿香烟，一边附和着说："是啊，是啊！嗯，嗯……"一直抱怨了十多分钟，张大爷才离开了小店。

又有一次，邻居王大叔一进店门就向奶奶抱怨道："真是气死我了！我再也不想干犁地这活儿了！尘土飞扬不说，驴子还不听使唤。我真是干够了！你看看我的腿、脚，还有手、眼睛、鼻子，到处都是尘土，我真是干够了！"

奶奶仍然是那副老样子，一边给他拿东西，一边附和着说："是啊，是啊！嗯，嗯……"

等王大叔发完了牢骚离开小店，奶奶把王军拉到身前，问她："孩子，你听到这些喜欢抱怨的人说的话了吗？"王军点点头。奶奶接着说："孩子，天气热绝对不会因为人抱怨而转凉，驴子也不会因为发牢骚而变得听话些。你要记住：不要抱怨，因为抱怨不能解决任何问题。如果你对现状不满意，那你就设法去改变它。如果改变不了，那就改变你的心态去面对这些问题，但你一定不要去抱怨什么。"

王军牢记着奶奶的话，不久和几个同乡一起进了一家电子厂打工。可是，因为残疾，他根本跟不上传送带的节奏，和其他工友相比差得很多，这自然影响了整体效益。于是，领导对他发脾气，同事们对他不满意，有的人甚至讥讽他说："你天生不是干活的料，不如回家领点低保凑合着混日子得了”。

王军知道，自己的确影响了同事们，这次，他没有计较，相反他决定用行动证明自己能干好这份工作，从而赢得大家的好评。于是，他每天早出晚归，研究工作要领。

正所谓天道酬勤，渐渐地，王军的工作越来越出色。到年底时，他竟然被评为“年度最佳员工”，不仅受到了领导的奖金嘉奖，同时赢得了上司和下属的尊敬，最终在工作两年后被提升为质检人员。

其实，我们与文中的张大爷和王大叔何其相似，相信大多数人都能在他们身上找到自己的影子。抱怨会破坏人际关系。没有人会喜欢一个消极、负面的人，更没有人愿意忍受你的牢骚和坏脾气。

品悟人生

如果你对工作的抱怨言过其实或无中生有，那么不仅听的人不以为然，反而还会抵制你；而单位上司遇见“牢骚族”与“抱怨族”，会直接对他们表示反感。

暴躁会将人际关系“搞砸”

我们常常看到这样一些现象：人多拥挤的公交车辆上，乘客之间由于无意碰撞而引起争吵，双方闹得脸红脖子粗；学校里同学之间为一些鸡毛蒜皮的小事，如不小心碰落了别人的铅笔盒之类而出言不逊，大动肝火，怒气冲冲；邻里之间为了一些小纠纷而各不相让，争吵辱骂，没完没了。不知道你是不是也是这样的性格：性情急躁、易争好辩、声高气粗、攻击性强……即那种一触即发的暴躁脾气。脾气是一个人文化素养的体现。而大发脾气者，大多是缺乏文化底蕴的人，他们一般会让人感到缺乏思想修养。在职场中，如果你总是脾气暴躁，请你特别注意，这会让同事远离你，极大地伤害你的人脉关系。

2006年，原本已经要退役的齐达内再次复出，在他的带领下，法国队挺进了世界杯的决赛。可是，就在世界杯的决赛上，面对对手马特拉奇一句挑衅的话，齐达内用头猛烈地撞击在对方的胸膛上！这个举动让裁判罚下了这位法国队的核心队员。随后，阿根廷以微弱的优势战胜了法国。

齐达内因此形象大跌，事后，不仅法国各大媒体批评齐达内的粗暴行为，世界很多媒体都在指责他的暴躁，一时间，齐达内的人气降到最低点。可见，哪怕天生脾气暴躁，我们也一定要学会控制自己，因为暴躁是人际关系的“地雷”。

脾气暴躁的人容易发怒，因而极大影响了人际关系。有一个无可争辩的事实是：暴躁的人是令人讨厌的。

罗素·克洛可算是当今影坛炙手可热的大明星了。他主演的《美丽心灵》誉满全球，拿的奖项多得让导演、演员手腕发酸，罗素·克洛更被认为极有可能再次捧走奥斯卡小金人。但也有不少人发表看法说“罗素·克洛不会得奖，不是因为竞争的激烈，而是他自己暴躁的性格”。

的确，离开了摄像机，罗素·克洛就成了暴躁的狮子，他爱发脾气，酗酒，虽然观众喜欢有性格的演员，可是像罗素这么大的脾气没有几人能招架得住。

有的人温和稳重；有的人快捷活泼；有的人迟缓安静；也有的人激动急躁。罗素·克洛属于后者。我们无法确知一个能控制自己性情、胜任各种角色的好演员因何控制不了自己的脾气，但我们可以肯定的是，你的名气再大、演技再好，一副爆脾气，足以拉住你继续前进的脚步。

詹鲁士的个人工作能力十分出众，可是他进惠普公司工作时间不长，就被主管解聘了。那么，问题究竟出在哪里呢？

他在觉得很没面子的情况下，一脚踢开主管的门，拍着老板台向上司约翰逊咆哮：“凭什么解聘我？是我的能力差么？可是我认为我比我的同事出色多了！”

不等约翰逊解释，他又口沫横飞地喝问：“是我没有创新意识吗？我们部门几项重要的创新措施，都是我最先提议的。难道你就瞎了眼吗？”怒气冲冲的詹鲁士两眼喷火，手指着约翰逊的鼻子恶声恶气地道：“听着，你这样对我太不公平！混蛋！”

“请你不要激动，听我稍作解释。”约翰冷静地回答，“请原谅我的坦白，我从未怀疑过你的能力，甚至你的能力是突出的，但遗憾的是你的脾气太暴躁了。你要明白，我们公司一直以形象良好、口碑极佳著称。而你，不但在公司内粗鲁、散漫，而且还蛮横无理地对待客户，你的很多同事和客户都投诉你了！这样看来，周围的同事都很难和你相处，我们的企业是很重视员工的工作能力，可是我们也同样重视员工间的关系和谐。”

“可……这是我个人的私事，我想我的工作并没有受到影响。”詹鲁士争辩道。

“如果你在家里，是的，我并没有否认这一点，但问题是你已经是惠普公司的一名员工了。”约翰耸耸肩，“实在抱歉，因你缺乏对别人起码的做人道德，而且已经严重地影响了他人的工作，而且也破坏了我们公司的形象，我们只能请你另谋他就！”

詹鲁士被辞退了，实际上这与他的工作能力毫无关系，关键问题出在他的爱冲动的坏脾气上。

什么样的情况都可能发生，什么样的事情都可能遇到，因此在处理工作和事务时，要学会控制自己的情绪，不要轻易地把自己的情绪表露出来，以免将人际关系搞砸。

1943 年 7 月，在巴顿晋升为少将之际，有士兵检举了轰动舆论界的巴顿打人事件。

“当巴顿走到一个病号前，他问道：‘你有什么病?’病号开始抽泣，‘我的神经不好。’巴顿又问，‘你说什么?’答曰，‘我的神经不好，我听不得炮声’。

“将军大吼，‘去你的神经，你是个胆小鬼，你是狗娘养的。’然后他给了他一个耳光，并说，‘不许这龟儿子哭泣，我不允许一个王八蛋在我们这些勇敢战士面前抽泣。’他又一次揍了那病号，把病号的军帽丢至门外。同时又大声对医务人员说，‘你们以后不能接受这些龟儿子，他们一点事也没有，我不允许这种没有半点汉子气的王八蛋在医院内占位置。’

“他再次回头对病号吼道，‘你必须到前线去，你可能被打死，但你必须上前线。如果你不去，我就命令行刑队把你毙了。说实在的，我本该现在就亲手把你毙了。”’

这个消息很快被揭发，于是引起了美国国内的极大反应。好些士兵的母亲要求撤巴顿的职，有一个人权团体还要求对巴顿进行军法审判。尽管后来马歇尔从大局出发，决定化大事为小事，化小事为无事，但打骂士兵使巴顿声名狼藉。

诚然，现代人面对工作的巨大压力，都会有心烦气躁的时候，都会遇到难以诉说的苦衷，这时候会有一种强烈的想向他人发泄胸中闷气的愿望。但是这种闷气不能随便发泄，如果不分场合任意发泄，那后果将是不可想象的。如果冲着同事出气，即使同事理解你的心情，也会对你产生不好的印象。

品悟人生

可以说，没有一个人会无限度地包容你毫无理性的爆脾气，会理解你毫无节制地吵闹发火，会忍受你无比暴躁性格。如果你对自己的坏脾气“死不悔改”的话，那么等待你的将是最糟糕的人际关系。

有微笑你就会有人气

在真诚的微笑中，人们可以更多的感悟到生活中的真、善、美，也可以更深刻地体会到微笑者的人格魅力。人们都期待着更多的微笑，那么，我们每天就不妨给他人多一些发自内心的真诚的微笑。微笑，不仅是一种情态，更是一种心态，是现代人的情感意识和相应智能的综合体现。

既然懂得笑，就要学会笑，利用笑，让笑来调节我们心理和生理，让笑来产生积极的作用，使我们生活愉快、学习进步，使我们一步步地走向成功。

几年前，底特律的哥堡大厅举行了一次巨大的汽艇展览会，人们蜂拥而至，在展览会上人们可以选购各种船只，从小帆船到豪华的游艇都可以买到。

在汽艇展览会期间，一家汽艇厂有一宗巨大的生意跑掉了，而另一家汽艇厂却用微笑把生意挽留了下来。

事情是这样的：一位来自中东产油国的富翁，他来到一艘展览的大船旁对站在他面前的推销员说："我想买艘汽船。"这对推销员来说，可是求之不得的好事。那位推销员很周到地接待了富翁，只是他脸上冷冰冰的，没有一丝笑容。

这位富翁看着这位推销员那没有笑容的脸，里面似乎藏有什么心机，然后走开了。

他继续参观，到了下一艘陈列的船前，这次他受到了一位年轻推销员的热情招待。这位推销员脸上始终挂满了欢迎的笑容，那微笑像太阳一样灿烂，使这位富翁有宾至如归的感觉，所以，他又一次说："我想买艘汽船。"

"没问题。"这位推销员脸上带着微笑答道，"我会为你介绍我们的产品。"

后来，这位富翁果然交了定金，并且对这位推销员说："我喜欢人们表现出一种他们非常喜欢我的样子，现在你已经用微笑给我表现出来了。在这次展览会上，你是惟一让我感到我是受欢迎的人。"

第二天，这位富翁带着一张支票过来，购下了价值 2000 万美元的汽船。

微笑就是无声的行动，它所表达的是："我很满意你，你使我快乐，我很高兴见到你。"笑容是比形式上的行动更有力量，更受人青睐。

其实，笑还是去病解忧的灵丹妙药，有超过100份的科学研究报告指出，笑对病人的生理和心理健康有很大裨益，更是一种人类独有的现代保健秘方。现代医学早已证实，笑会使脸部某些肌肉活动起来，而脸部肌肉又连接着神经系统，它们会向大脑传递感到快乐的信号。还有，在放声大笑时所吸入的氧气相当于平常说话的6倍，所以笑是一种有益身心健康的兴奋剂，能使你顷刻变得轻松愉快起来。

一个人亲切、温和、洋溢着笑意，远比他穿着一套高档、华丽的衣服更引人注意，也更受人欢迎。因为微笑是一种宽容、一种接纳，它缩短了彼此的距离，使人与人之间心心相通。喜欢微笑着面对他人的人，往往更容易走入对方的天地。所以说，微笑是成功者的"先锋"。

现实生活中，大多数人都意识到了服饰仪容对自己社交、办事的重要，因此，临出门前，总是要对着镜子特意整理一番，看领带是否服帖、头发是否凌乱、化妆是否恰到好处，惟恐因衣着的粗俗和妆饰的不雅而制造笑料被人轻视，从而达不到办事目的。但是，我们也不可忽略另一种魅力，它就是微笑。对于社交、办事来说，整理表情有时比整理服饰、化妆更为重要。

然而，不容忽视的是，在生活中只有"微笑"的量是不够的，要努力提高"微笑"的质，创造出属于我们现代人的高品位的"微笑服务"与"微笑文化"。

说到这里，我们就不能不说到以"微笑"服务冠于全球的希尔顿旅馆。

希尔顿于1887年生于美国新墨西哥州，其父去世之时，只给年轻的希尔顿留下2000美元的遗产。希尔顿加上自己的3000美元，只身去德克萨斯州买下了他的第一家旅馆。当旅馆资产增加到5100万美元的时候，他欣喜而自豪地告诉了他的母亲。但是，母亲却淡然地说："照我看，你跟从前根本没有什么两样，不同的只是你已把领带弄脏了一些而已。事实上你必须把握比5100万美元更值钱的东西。除了对顾客诚实之外，还要想办法使每一个住进希尔顿旅馆的人住过了还想再来住，你要想一种简单、容易、不花本钱而行之有效的办法去吸引顾客。这样你的旅馆才有前途。”

希尔顿听后，苦苦思量母亲严肃的忠告：究竟什么“法宝”才具备母亲所指示的“一要简单，二要容易做，三要不花本钱，四要行之有效”呢？终于希尔顿想出来了：“这个法宝一定是微笑。只有微笑具备这四大条件，也只有微笑能发挥如此大的影响！”于是希尔顿根据这一法宝订出了他经营旅馆的三大信条：信心，辛勤，眼光。他要求员工照此信条实践。他也要求员工，无论如何辛劳都必须对旅客保持微笑。他确认：微笑将有助于希尔顿旅馆世界性的发展。

事实上，希尔顿旅馆能从美国20世纪30年代的经济萧条中幸存下来，且领先进入繁荣时代，便证明了希尔顿判断的正确性。希尔顿在接下来的经营中也一直强调着他微笑服务的这一法宝。

每当希尔顿为旅馆充实一批现代化设备时，他都要来到旅馆，召集全体员工开会。“现在我们的旅馆已新添了第一流设备，你们觉得还必须配合一些什么第一流的东西使客人更喜欢它呢？”员工回答之后，希尔顿会带笑地摇着头：“请你们想一想：如果旅馆里只有第一流的设备而没有第一流服务员的微笑，那些旅客会认为我们供应了他们全部最喜欢的东西吗？缺少服务员的美好微笑，正好比花园里失去了春天的太阳和春风。假若我是顾客，我宁愿住进那虽然只有残旧地毯，却处处见到微笑的旅馆，而不愿走进只有一流设备而不见微笑的地方……”

如今，希尔顿的资产已从5000美元发展到数十亿美元。希尔顿旅馆已经吞并了号称为“旅馆大王”的纽约华尔道夫的奥斯托利亚旅馆，买下了号称为“旅馆之后”的纽约普拉萨旅馆。与此同时，他的名言：“你今天对客人微笑了没有？”也在这些旅馆深处震荡了开来。

可以说，微笑是希尔顿旅馆最宝贵的无形资产，也是它制胜的魅力所在。希尔顿的成功，就是从微笑服务开始的。

品悟人生

一个人亲切、温和、洋溢着笑意，远比他穿着一套高档、华丽的衣服更引人注意，也更受人欢迎。

与人发生冲突是人气的大忌

生活中的冲突后果虽然不是致命的，但毕竟会给人带来很多麻烦。虽然说“不打不成交”，但能“不打”就解决问题当然更好，况且生活中的许多冲突是由于各自的观点、看法不同而造成的，大家根本就是对事不对人，何必因此弄得关系紧张呢？

有些冲突是由于性格、作风不同而造成的，有的人办事稳重，要办就要办好，所以宁愿慢些；而有的人办事喜欢讲效率，喜欢冒险，如果让这两种人去商量一个行动方案，矛盾是肯定难免的。有的冲突纯属误会，考完试以后，一个学生对他的好朋友说他在考试时偷看了同桌的答案，过了两天老师为这事把他找了去，他就认为肯定是那位朋友告诉了老师，并扬言要报复。

所有这些矛盾都很容易引发冲突，但冲突又肯定不能解决问题，只能使情况变得更糟。一般情况下，要想通过争论甚至争吵来说服对方是不可能的，结果只能是伤了和气。而且在争论中，一方很容易一激动就出言不逊，招致生怨，甚至大打出手，而且人在冲动的时候也很容易接受错误的信息，所以冲突很容易引发误会，甚至结下仇恨。

如何才能避免冲突？

古时候，有一个叫爱地巴的人，他一生气就跑回家去，然后绕自己的房子和土地跑三圈。后来，他的房子越来越大，土地也越来越多，而一生气时，他仍要绕着房子和土地跑三圈，哪怕累得气喘吁吁，汗流浃背。

孙子问："阿公！你生气时就绕着房子和土地跑，这里面有什么秘密？"

爱地巴对孙子说："年轻时，一和人吵架、争论、生气时，我就绕着自己的房子和土地跑三圈。我边跑边想？？自己的房子这么小，土地这么少，哪有时间和精力去跟别人生气呢？一想到这里，我的气就消了，也就有了更多的时间和精力来工作和学习了。"

孙子又问；"阿公！成了富人后，您为什么还要绕着房子和土地跑呢？"

爱地巴笑着说："我还是一边跑一边想，我房子这么大，土地这么多，又何必和人计较呢？一想到这里我的气也就消了。"

在紧张的气氛中，在一触即发的时候，最好的办法就是先一言不发地走开。回避可以给对方以思考、冷静的机会，也可给自己考虑的时间。如果走开不方便，那就在怒气冲冲之时告诫自己：10 秒钟之后再开口。如果一怒而发，说出来的话肯定会让自己也吓一跳，而 10 秒钟之后，怒气可能就会消掉些，这等于把要说的话已经过滤了一遍。这当然只是暂时避免冲突，要彻底解决问题还得试着换位思考一下，站在对方的立场上想一想。如果先接受对方的合理之处，就等于营造了一个宽容的气氛，对方很可能也会试着为你着想。这样的话，解决问题就容易多了。当然自己也得考虑一下自己的不足之处，换到别人角度来审视一下自己的观点。在综合考虑的基础上如能坦诚地交流，那问题就可迎刃而解了。

现实中，很多冲突就是因为双方不断地加剧紧张的气氛而造成的，如果一方能刻意地营造一下缓和、坦诚的气氛，对方也会受到感染冲突就会消除了。

品悟人生

有些人很容易一激动就出言不逊，甚至大打出手，而且人在冲动的时候也很容易接受错误的信息，所以冲突很容易引发误会，甚至结下仇恨。

控制自己，从容应对上司的指责

当我们受到上司批评时，最需要表现诚恳的态度，从批评中确实受到了教育，得到启发，改进了工作方法。因为，最令上司恼火的，就是他的话被你当成了“耳边风”。如果你对批评置若罔闻，依然我行我素，这种效果也许比当面顶撞更糟。它代表了你的眼里没有领导，太瞧不起他。

批评有批评的道理，错误的批评也有其可接受的出发点。切实地说，受批评才能了解上司，接受批评才能体现对上司的尊重。比如说错误的批评吧，你处理得好，反而会变成有利因素。如果你不服气，发牢骚，那么，你这种做法产生的负效应，足以使你和领导之间的感情距离拉大，关系恶化。当领导认为你“批评不起”“批评不得”时，也就产生了相伴随的印象——认为你“用不起”“提拔不得”。

当然，公开场合受到不公正的批评、错误的指责，心理上是难以接受的，思想上也会造成波动。妥善的方法是，你可以一方面私下耐心做些解释；另一方面，用行动证明自己。如果是当面顶撞，则是最不明智的做法。既然是公开场合，你觉得下不了台，反过来也会使领导下不了台。其实，你能坦然大度地接受其批评，他会在潜意识中产生歉疚之情或感激之情。也会琢磨，这次批评到底是对还是错？

依靠公开场合耍威风来显示自己的权威，换取别人的顺从，这样不聪明的领导是不多的。其实，你真遇到这种领导，更需要大度能容，只要有两次这种情况发生，跌面子的就不再是你，而是他本人了。

受到上级批评时，反复纠缠、争辩，非得弄个一清二楚才罢休，这是很没有必要的。确有冤情，确有误解怎么办？可找一两次机会表白一下，点到为止。即使领导没有为你“平反昭雪”，也完全没必要纠缠不休。

我们可以这样认为：领导批评或训斥部下，有时是发现了问题，必须纠正；有时是出于一种调整关系的需要，告诉受批评者不要太自以为是，或把事情看得太简单；有时是为了显示自己的威信和尊严，与部下有意保持一定的距离；有时是“杀一儆百”“杀鸡给猴看”。不该受批评的人受批评，其实还有一层“代人受过”的意思……明白了上司为什么批评，你便会把握情况，从容应付。

挨批评虽然在情感上、自尊心上受一定影响，但如果你情绪不受影响，而用一种反思维的态度对待自己，采取“有则改之，无则加勉”的态度，那么就会稳定情绪而不影响工作。如果过于追求弄清是非曲直，只会使人感到你心胸狭窄，经不起任何的考验。

品悟人生

请记住：当领导批评你时，并不是要和你探讨什么，所以此刻决不宜发生争执。

愤怒是处世的祸首

有人说：愤怒是愤怒者的坟墓。动怒的人往往缺乏理智，做出的决定也往往很是鲁莽，会给自己带来无穷的后患。很多人就是因为愤怒而使自己身临险境或是落得他人耻笑的下场。历史上最著名的就是吴三桂冲冠一怒为红颜的典故，为了爱妾陈圆圆，他竟然打开山海关的大门，在清兵冲入大门的那一刹那，注定了他成为世人笑柄的命运。

吴三桂父亲吴襄、舅父祖大寿是辽东一带屈指可数的名将。明朝开武科考，选拔武将。出生于官宦之家的吴三桂夺得武生高魁，授为游巡使。父辈将振兴家业的重任寄托在他的身上。吴三桂少年得志，他还注意结交有名望的达官贵人。在田宏遇府上，他结识了名歌妓陈圆圆。在田宏遇的撮合下，吴三桂和陈圆圆结成眷属。

吴三桂自从得到陈圆圆后，忘记了镇守边地的重要任务，向朝廷请了病假，回京与圆圆终日厮守。身为武将，吴三桂心存儿女情长。他可以不要官爵，不惜生命，来维系同陈圆圆的婚姻，可见他对陈圆圆的确一片真心。后来吴三桂因犯事被送入刑部，董其昌为吴三桂四处奔走，托宰相李建泰向皇上求情。崇祯终接受了李建泰的建议，从牢中放出吴三桂，令其远赴山海关，戴罪立功。就在吴三桂进抵山海关的第二天，李自成开始攻打北京，两天后城破，崇祯帝上吊自杀，明王朝垮台。李自成农民军开进北京的第二日，吴三桂进抵丰润，听到京城陷落、崇祯自杀的消息，下令停止西进，撤回山海关。

形势发生如此急剧的变化，是吴三桂未能料到的。父亲吴襄在北京成为农民军的俘虏，舅父已投降清兵，他自己则处于农民军与清军两支强大而又敌对的势力之间。何去何从呢？

吴三桂作为明朝将领、大官僚地主阶级的代表人物，是不会与农民军联手的，他曾扬言“为复大仇、歼大寇”，与农民军势不两立。但凭借自己的力量又难与强大的农民军匹敌。李自成则希望吴三桂归降自己，以减轻军事压力，就派人带着四万两犒银和吴襄的亲笔信，去招降吴三桂，并提出另派两万农民军代他守关。吴三桂收下犒银，表示愿意谈判罢兵，率军离开了山海关。

关外的满族政权看到明朝已亡，夺取中央政权的主要障碍已变为李自成，于是就把矛头指向了农民军。当时，皇太极已于上一年病死，由6岁的儿子福临即位，摄政王多尔衮掌握实权。多尔衮为达到消灭农民军的目的，采取拉拢、招降包括吴三桂在内的明王朝残余势力的策略，扬言“为崇祯报仇”。这一招，对于汉族大官僚地主来说，颇具吸引力，因为他们与清统治者有着共同的敌人——李自成农民军。多尔衮断然决定，清军自盛京西进，准备南下入关。

吴三桂行至滦州，听到从北京传出消息，爱妾陈圆圆被李自成的大将刘宗敏掳占。吴三桂很是震怒，这种夺妻之恨让他铁定了心思同清军联合，于是引兵杀回山海关，赶走了李自成的守关部队，1644年五月，派人致书多尔衮，答应以“财帛”和“裂土”为代价，乞求清兵迅速全力攻打北京，共同消灭农民军。

多尔衮大喜，马上回书称：在攻占北京后，清军要实行对全国的统一，对吴三桂“必封以故土，晋为藩王”。多尔衮以封土为王作诱饵，希望吴三桂彻底降清。吴三桂答应了清方的条件。在镇压农民起义这一共同目标之下，满汉贵族地主势力联合起来。

北京的农民政权对于吴三桂与清军勾结，缺乏足够的思想准备，等发觉形势严重，为时已晚。急速南下的清军到达距山海关10里之外，击溃了唐通指挥的农民军，吴三桂则突出包围，直达清军大营，拜见多尔衮，剃发称臣，正式投降。五月二十七日，清军开至山海关，吴三桂开关出迎，多尔衮命吴军以白布系肩，作为先导，随后清军浩浩荡荡开进了山海关。至此，中国历史翻开了新的一页。

明末清初的诗人吴梅村就这一历史事件在他的《圆圆曲》中曾经写道“恸哭三军具缟素，冲冠一怒为红颜”。言辞中充满了对吴三桂冲冠一怒的责备和深深的叹息。人们常说：冲动是魔鬼。尤其是在怒气十足的情况下，人往往是不理智的，做出的事情也欠妥当。

品悟人生

愤怒之气就像一把双刃剑，不仅会伤到别人，也会刺伤自己。所以，切不可为一时的情绪宣泄而不加控制，导致事后的追悔莫及。

第五章

宽以待人，心襟宽的人人缘广

一个人朋友的多少是由他的心胸决定的。要是你觉得身边的人这也不是、那也不妥，一直为别人的过错或缺憾而生气，这样，就不可能交到太多的朋友。因此，当我们在与人相处时不能斤斤计较，要学会用宽容之心对待他人。

让仁爱宽容为你的形象加分

快节奏的都市生活使一些人变得越来越冷漠，越来越爱计较，而他们自己似乎对此毫无所觉，于是他们成了别人眼里的“刻薄的人”。其实如果你能在待人处世时更宽容仁爱一点，你就会赢得更多人的喜欢。

孟子曾经说过：“人之所以异于禽兽者几希，庶民去之，君子存之。”这几点差异便是生物人与文化人之间的根本区别。人与禽兽之间的区别本来就很小，加上有些人随意行之，失去道德，没有仁爱，没有良心，就难免变成似是而非的人，一言难尽。不过，古人倒给这种所谓的人一个专有名词，叫作衣冠禽兽——比“披着羊皮的狼”揭示的内涵有过之而无不及。一个人如果沦为了衣冠禽兽，在事，在理的处理上，都会让人扼腕。

要知道人性之美在于宽容、仁爱，这种内在的形象比外在的形象更为重要。

在一辆奔驰的长途公共汽车上，三、四、五号的乘客挤做一团。三号是一位三十出头的男士，五号是一位衣着时髦的都市女郎，而四号是一位小山似的中年妇女，她把三号、五号的座位各侵占了三分之一。在盛夏乘车摊上这样的芳邻，三号、五号真是不幸。

一会儿工夫，五号姑娘表情丰富的脸上清晰地写满了对四号邻居的厌恶。只见五号几乎愤然地急挥纸扇，把胖女人呛人的汗酸味扇到三号这边来。三号男士心中非常恼火，但又不便说她。

汽车在公路上飞驰。闷热的空气与发动机的“哼哼”声胜过催眠曲，车上的乘客有差不多半数在打盹。四号的眼皮也在合拢。小山似的身躯慢慢向五号倾斜，三号幸灾乐祸起来：胖女人灰衣服上那汗渍斑斑的“盐碱地”，可以从俏姑娘那里得到一点香水味了。

五号的表情由讨厌到怒气升腾，从“厌而远之”到奋起反击：她架起胳膊肘顶四号的胖脸。胖女人一定是在梦中喝醉了酒，任你五号怎样明顶暗碰，都撞不开她的梦门。最后五号愤中生智，猛然一闪身，把四号趴扣在座位上，车内一阵窃笑。

四号从突然破碎的梦中惊醒，艰难地支起身，很难为情地低下头玩起自己的胖指头来。

车行至某县城，那位五号姑娘也开始打盹，不由自主，她的秀发委屈地贴在四号的“盐碱地”上。渐渐地，五号的头滑到了四号的胳膊弯里。可胖女人并没有回敬那姑娘一个闪身，反倒尽量保持平稳，让姑娘舒服地依着她。四号的右臂一定是很累了，她开始用左手去托扶着右臂。

周围的人窃窃私语起来，一位乘客对四号低声说：“大嫂，弄醒她吧。你手也酸了！”

她答非所问：“俺家大妞也这般大，年轻人爱困。”

生活中的一些年轻人就像这位五号一样，对别人常抱有一种敌对情绪，不能谅解别人的一点小过失，她不知道，正是她没有留意的这一点细微之处，使她的整体形象变得丑陋起来。

其实中华民族传统的道德观念就是以“仁爱”为核心的。不过这个仁爱不是爱无差等，人人兼爱的，它主要集中表现为以个人为基点，以家庭为中心，由内及外，层层推进的一种关系。这种关系就好比扔一块石头到水里，激起波纹层层向外推衍，越是向外，其推力越弱，也就是对于与自己关系越疏远的人，仁爱的程度就越小。这样一种伦理关系，十分适合我国传统社会的经济结构和状况，因此数千年来长存不衰。因为我们的生存是以家庭为背景，在一个家庭里，依照这种道德关系，亲父母甚于兄弟，亲兄弟甚于邻里，亲邻里又甚于老乡，这对于维护家庭的和睦，保证生活的正常运转，都是自然而且有好处的。

但是，令人感到无可奈何的是，自从进入商品时代，步入现代社会，人与人之间的交往在范围程度上远较古代更广更深，因此我们也应当把宽容仁爱之心扩展开来，因为善良的人才能比较正确、客观地看待认识各种社会现象，才能比较冷静、稳妥地处理各类事务，才能让人乐于亲近和来往，一句话，善良的人才是美丽的。

品悟人生

生活中，你应该注意检讨自己，不要总对别人满怀敌意，不要把这些当作无关紧要的小节而忽略。待人处事应表现得更宽容、应仁爱一点，你将因此而广受欢迎。

人气伤不起，得理更要“饶人”

“得理不让人，无理搅三分。”这是有些人常犯的毛病。如果得理不饶人，把一件不足挂齿的小事复杂化，把人搞得下不了台，势必造成人际关系的恶化，更会给人留下固执己见、小肚鸡肠的不良印象。所以，对一些鸡毛蒜皮的小事或一些非原则性的问题，得理也不妨饶人，如此不仅可以化解矛盾，更可融洽人际关系。

一位年轻姑娘在候车时，被人群中的一位青年小伙子重重地踩了一脚。虽然姑娘当时觉得很疼，但她不仅没有生气，还主动地说：“没关系，没关系。”旁边有人对姑娘说：“你这人脾气真好，他踩了你，你却不怨他。”姑娘笑了笑说：“也许他不是有意的，我总不能还他一脚吧！”一句话说得在场的人频频点头，纷纷向她投来赞许的目光。

在交际中，谁能保证自己不会和别人发生一些磕磕碰碰？谁又能保证自己事事处处都占理？只要没有根本的利害冲突，即便自己占理，也应像那位姑娘一样大度地让别人三分。有道是，进一步山穷水尽，退一步海阔天空。有理让三分，得理也饶人，朋友间就会和睦相处。

中午休息的时候，范伟和同事刘凯在办公室里追赶着，用茶杯向对方身上泼水打闹。范伟一不小心，一些水正好泼到同事小雅的头上，他见刘凯正向自己发动“反攻”，于是顾不得那么多了，掉头就跑。

小雅感到自己新做的发型被弄湿了，顿时火冒三丈，怒冲冲地向范伟追去，一把拉着范伟，说要他去看看他“干的好事”。一些同事也都说范伟和刘凯在办公室里打闹太不像话。

范伟也意识到了自己的错误，连忙放下茶杯向小雅道歉，小雅哪肯接受，依然火气冲天地说：“一开始你为什么不主动向我道歉？”“当时刘凯追我追得很紧，我……”“你什么你？我没兴趣知道你们的事，我只知道你当时没向我道歉！”小雅打断范伟的话说。被小雅这么一说，范伟窘得满脸通红，很小声地说：“那我现在再次向你道歉还不成吗？”“你的道歉话就那么值钱？你也不看看我的发型，被你糟蹋成什么样了？发型是我花1000块钱做的呀。”小雅指着自己的脑袋对范伟吼道。

看到小雅得理不饶人的架势，整个场面都僵住了，范伟愣在那一动不动。一旁围观的同事心都提到了嗓子眼，生怕控制不了场面，两个人大动干戈。这时，范伟掏出钱包说：“要不，我给你钱，再去重做一个发型吧。”

“谁要你的钱了，拿别人的钱我不习惯！你给钱，还要本小姐有时间！”小雅仍然不依不饶。

听小雅说罢，范伟一句话都说不出来。一旁的刘凯也出面主持公道：“小雅，范伟弄湿了你的发型没有及时向你道歉，是他不对，可人家现在不是向你赔不是了吗，而且他还拿钱让你重做发型，我看都是同事，就算了吧。”这时旁观的同事也附和着。小雅还是觉得心里不平衡，于是又要拉范伟去办公室主任那说清楚。

无奈，两个人来到了办公室主任面前。经过了解情况后，办公室主任按照不准在办公打闹的规则，给予范伟50元罚款。

事后，刘凯愤愤不平地说："什么人！一点道理都不讲！"其他同事也觉得小雅太过分了。就连平时和小雅相处不错的同事都说小雅"太小心眼了"。

这件事让同事们看到了一个心胸狭隘、蛮不讲理的小雅，之后，很多同事便慢慢地跟她疏远了。

小雅一开始是有理在先，而且是"民心所向"，而后来同事们都倒向范伟那一边，就连好朋友也帮范伟讲话。更糟糕的是，这件事情还留下了"后遗症"，使得自己和同事们的关系越来越疏远。那么这件小事情为什么会导致"众叛亲离"的严重后果呢？问题的症结又在哪里呢？我们不难发现：小雅在与同事相处时，犯了交际大忌——得理不饶人。那么"得理不饶人"的人为什么这样不受欢迎呢？一个通情达理、善于理解的人在交际中往往更具魅力，人人都倾向于跟这类人打交道，而不愿与那种胡搅蛮缠、不可理喻的人交往。"得理不饶人"的人一开始是"得理"，正是因为"不饶人"，有理也变成了无理，才给人一种蛮不讲理的印象。

品悟人生

"得理不饶人"是引发公愤的"导火线"，这样不但会得罪当局者，而且会引起局外人的轻视。想一想，当同事们都把你当成"公敌"来看待，那将是一件多么严重的事啊！

使人畏不如使人愧

楚庄王是春秋五霸之一。他在位期间非常重视选择人才，先后得到伍参、苏从、孙叔敖、子重等卓有才能的文臣武将的辅佐。在内政方面作了一些改革，赏罚分明，群臣和睦，百姓安居乐业，国力日益强盛，曾经大败晋军，使鲁、郑、陈、宋等中原国家先后归附并称霸中原。楚庄王的成功离不开他的办事能力，他处理的最出色事情之一就是“庄王绝缨”的故事。

公元前606年，楚庄王带兵消灭了叛党，回到郢都，开了一个庆功会。这个宴会名为“太平宴”。君臣兴致很高，从白天一直喝到晚上，还没尽兴。

这时，庄王最宠爱的许姬奉庄王之令为群臣斟酒。突然，一阵风刮到大厅上，吹灭了所有的蜡烛。许姬正为一人斟酒，那人趁着黑灯瞎火之际，拉住许姬的袖子，去捏她的手。许姬顺手牵羊把那人帽子上的缨子揪了下来，快步来到庄王前轻声地告状，要庄王快命人点蜡烛，看看是谁竟敢调戏她。

调戏君王的宠姬，无疑是对君王的羞侮。这是大逆不道的行为啊！但庄王想了想，却高声喊道：“切莫点烛！寡人今日要与诸卿开怀畅饮，不用打扮得衣冠齐整的了，大家统统把帽子上的缨全摘下来吧！”

众人都把帽缨摘下后，庄王才叫点蜡烛。这样，庄王和许姬始终都不知道拉袖子的人是谁。散席后，许姬责怪起庄王来。庄王笑笑说：“今天是我请文武百官来喝庆功酒的，大家都很高兴，酒醉出现狂态，这又有什么奇怪呢？我如果按你说的把那个人查出来，显示了你的贞节，却让群臣不欢而散，都会说我胸怀和度量太小，那以后谁还会为我拼死效劳呢？”许姬听了，十分佩服。

后来，楚国与郑国交战时，前部主帅的副将唐狡自告奋勇率百余人充当先锋，为大军开路。他攻无不克，战无不胜，使楚军进展顺利。庄王要厚赏唐狡，唐狡却红着脸说：“大王切莫厚赏，只要不治我的罪，末将已感激不尽了！”

庄王问：“为什么呢？”唐狡磕头答道：“上次‘绝缨会’上，去拉美人手的便是我呀！”庄王大喜，还是重赏了他。

楚庄王在宴会上放人一马，没有责罚酒醉无礼的下属，显出自己超人的宽宏大量，使下属信服的同时，也使其心中有愧，拼命杀敌以报答庄王的大恩。这就是充分利用了“使人畏不如使人愧”的道理。使人畏，往往带有强制的作用，强制措施不在了，对方也就不再约束自己；使人愧，是使对方的心理主动发生变化，以后的行为是自觉的、持久的、稳定的。我们在办事的时候不妨多从这一方面进行考虑。

品悟人生

待人通常有两种手段：一是使人心存畏惧，然后从之；另一种是使人惭愧，然后自觉行动。从获得人心看，使人畏不如使人愧。

人气等于饶人

得饶人处且饶人，多发生于竞争情境。由于这种行为出现而使得矛盾化解，争斗平息；对手变朋友，仇人变伙伴。但这并不表明自己软弱，而是在有意无意间为自己创造非常有利的条件，对自己是有一定价值的。因此，它往往也是避免争斗的极好方法。

如果你得理不饶人，让对方走投无路，有可能激起对方“求生”的意志。而既然是“求生”，就有可能是“不择手段”，这对你自己将造成伤害。这就好比将老鼠关在房间内，不让其逃出，老鼠为了求生，会咬坏你家中的器物。放它一条生路，让它逃命要紧，便不会对你的利益造成破坏。

汉代公孙弘年轻时家贫，后来成为丞相，但生活依然十分俭朴，吃饭只有一个荤菜，睡觉只盖普通棉被。就因为这样，大臣汲黯向汉武帝参了一本，批评公孙弘位列三公，有相当可观的俸禄，却只盖普通棉被，实质上是装模作样、沽名钓誉，目的是为了骗取俭朴清廉的美名。

汉武帝便问公孙弘：“汲黯所说的都是事实吗?”公孙弘回答道：“汲黯说得一点没错。满朝大臣中，他与我交情最好，也最了解我。今天他当着众人的面指责我，正是切中了我的要害。我位列三公而只盖棉被，生活水准和普通百姓一样，确实是故意装得清廉以沽名钓誉。如果不是汲黯忠心耿耿，陛下怎么会听到对我的这种批评呢?”汉武帝听了公孙弘的这一番话，反倒觉得他为人谦让，就更加尊重他了。

公孙弘面对汲黯的指责和汉武帝的询问，一句也不辩解，并全都承认，这是何等的一种智慧呀！汲黯指责他“使诈以沽名钓誉”，无论他如何辩解，旁观者都已先入为主地认为他也许在继续“使诈”。公孙弘深知这个指责的分量，采取了十分高明的一招，不作任何辩解，承认自己沽名钓誉。这其实表明自己至少“现在没有使诈”。由于“现在没有使诈”，被指责者及旁观者都认可了，也就减轻了罪名的分量。公孙弘的高明之处，还在于对指责自己的人大加赞扬，认为对方是“忠心耿耿”。这样一来，便给皇帝及同僚们这样的印象：公孙弘确实是“宰相肚里能撑船”。既然众人有了这样的心态，那么公孙弘就用不着去辩解是不是沽名钓誉了，因为自己的行为不是什么政治野心，对皇帝构不成威胁，对同僚构不成伤害，只是个人对清名的一种癖好，无伤大雅。

对方已经知道自己无理，心理上或内疚或担心，而你的“理”明显占过对方，但你并没有过多的追究，相反却放他一马，此时的他定会心存感激，来日也许还会报答你。就算不会回报于你，也不太可能再度与你为敌。这就是一般人性所在。

人世无常，却常“后会有期”。你今天放他一条生路，谁知他日你们两人会不会再相逢？如果到时候对方势力强过于你，那时你就可能会吃大亏了。“得饶人处且饶人”，这也是为自己以后做人留条后路。

清代康熙年间，当朝人称“张宰相”的张英与一个姓叶的侍郎，两家毗邻而居，叶家重建屋子，将两家公共的围墙拆去，并向前侵占三尺。张家自然不服，引起争端。张家立即发鸡毛信给京城的张英，要求他出面干预，张英却作诗一首：“千里家书只为墙，再让三尺又何妨?万里长城今犹在，不见当年秦始皇。”张老夫人看见这封家书，立即命人退后三尺筑墙，而叶家深表敬意，也退后三尺。这样两家之间即由从前的三尺巷变成了六尺巷，被百姓传为佳话。

“得饶人处且饶人”，表面上看好像是自己吃亏，但事实上却是让对方感到内疚或感激，而觉得欠你一个人情，他日即使不回报你，也不会再为难你了，于人于己都是大有好处的。但是需要指出的是谦让要恰到好处，并非一味地谦让，并要警惕那种“狗改不了吃屎”的少数人，以免得寸进尺，达不到自己想要的效果。

品悟人生

得理不饶人，伤害了对方，有时还会连带伤害对方的家人，甚至毁了对方，这有失厚道。得理让人，是一种人情积蓄，因为人气等于“饶人”。

不要太伤人，宽容是最好的教化

宽容是一种美，因为有了宽容才使许多人有了浪子回头的决心。因为有了宽容才使一颗犯错的心有了安全的回旋余地。当你选择宽容时，你就给了这个世界无比的荣耀。而你将得到这个世界最美的祝福。

一天晚上，一位老禅师在寺院里散步，忽然发现墙角边有一张椅子，一看就知道有出家人违犯寺规翻墙溜出去了。

这位老禅师不动声色地走到墙角边，把椅子移开，就地蹲着。没过多久，果然有一位小和尚翻墙进来，他不知道下面是老禅师，于是在黑暗中踩着老禅师的脊背跳进了院子。

当他双脚落地的时候，突然发现自己原来踩的不是椅子，而是老禅师。小和尚顿时惊慌失措，木鸡般地呆立在那里，心想：“这下糟糕了，肯定要被杖责了。”但是，出乎小和尚意料的是，老禅师并没有厉声责备他，只是平静而关切地对他说：“夜深天凉，快回去多穿点衣服吧。”

老禅师宽恕了小和尚的过错。因为他知道，此时此刻，小和尚已经知错了，那就没有必要再饶舌训斥了。之后，老禅师也没有再提及这件事，可是寺院里的所有弟子都知道了这件事，从此以后，再也没有人夜里翻墙出去闲逛了。

这就是老禅师的度量，他给犯过错的弟子提供反省的空间，使其悔悟，自戒自律，所以宽容也是一种无声的教育。

古人云：金无足赤，人无完人。宽容是一剂良药，医治人心灵深处不可名状的跳动，滋生永恒的人性之美。我们不仅要宽容朋友、家人，还要宽容我们的敌人、对手。在非原则性的问题上，以大局为重，你会体会到退一步海阔天空的喜悦；化干戈为玉帛的喜悦；人与人之间相互理解的喜悦。要知道你并非踯躅单行，在这个世界上，虽然人们各自走着自己的生命之路，但是纷纷攘攘中难免有碰撞。如果冤冤相报，非但抚平不了心中的创伤，而且只能将伤害捆绑在无休止的争吵上。

一位妇人同邻居发生纠纷，邻居为了报复她，趁夜偷偷地放了一个骨灰盒在她家的门前。第二天清晨，当妇人打开房门的时候，她深深地震惊了。她并不是感到气愤，而是感到仇恨的可怕。是啊，多么可怕的仇恨，它竟然衍生出如此恶毒的诅咒！竟然想置人于死地而后快！妇人在深思之后，决定用宽恕去化解仇恨。

于是，她拿着家里种的一盆漂亮的花，也是趁夜放在了邻居家的门口。又一个清晨到来了，邻居刚打开房门，一缕清香扑面而来，妇人正站在自家门前向她善意地微笑着，邻居也笑了。

一场纠纷就这样烟消云散了，她们和好如初。

宽容对手，除了不让他人的过错来折磨自己外，还处处显示着你的纯朴、你的坚实、你的大度、你的风采。那么，在这块土地上，你将永远是胜利者。只有宽容才能愈合不愉快的创伤，只有宽容才能消除一些人为的紧张。学会宽容，意味着你不会再心存芥蒂，从而拥有一分流畅、一分潇洒。在生活中我们难免与人发生摩擦和矛盾，其实这些并不可怕，可怕的是我们常常不愿去化解它，而是让摩擦和矛盾越积越深，甚至不惜彼此伤害，使事情发展到不可收拾的地步，用宽容的心去体谅他人，真诚地把微笑写在脸上，其实也是善待我们自己。当我们以平实真挚、清灵空洁的心去宽待对方时，对方当然不会没有感觉，这样心与心之间才能架起沟通的桥梁，这样我们也会获得宽容，获得快乐。

品悟人生

宽容地对待别人的过错，这是何等的胸怀。学会宽容，是一种美德、一种气度，因为你能容得了他人不能容，所以你也必将拥有了他人不能拥有的。

让步为高，宽人有福

为人处世能够做到忍让是很高明的方法，因为退让一步往往是进步的阶梯；对待他人宽容大度就是有福之人，因为在便利他人的同时，也为自己获得人气，为自己的人生发展奠定了基础。

齐国相国田婴门下，有个食客叫齐貌辨，他生活不拘细节，我行我素，常常犯些小毛病。门客中有个士尉便劝田婴不要与这样的人打交道，田婴不听，那士尉便辞别田婴另投他处了。为这事门客们愤愤不平，田婴却不以为然。田婴的儿子孟尝君便私下里劝父亲说：“齐貌辨实在讨厌，你不赶他走，倒让士尉走了，大家对此都议论纷纷。”

田婴一听，大发雷霆，吼道：“我看我们家里没有谁比得上齐貌辨。”这一吼，吓得孟尝君和门客们再也不敢吱声了。而田婴对齐貌辨却更客气了，住处吃用都是上等的，并派长子伺奉他，给他以特别的款待。

过了几年，齐威王去世了，齐宣王继位。宣王喜欢事必躬亲，觉得田婴管得太多，权势太重，怕他对自己的王位有威胁，因而不喜欢他。田婴被迫离开国都，回到了自己的封地薛。其他的门客见田婴没有了权势，都离开他，各自寻找自己的新主人去了，只有齐貌辨跟他一起回到了薛地。回来后没过多久，齐貌辨便要到国都去拜见宣王。田婴劝阻他说；“现在宣王很不喜欢我，你这一去，不是去找死吗？”

齐貌辨说：“我本来就没想要活着回来，您就让我去吧！”田婴无可奈何，只好由他去了。

宣王听说齐貌辨要见他，憋了一肚子怒气等着他。一见齐貌辨就说：“你不就是田婴很信任很喜欢的齐貌辨吗？”

“我是齐貌辨。”齐貌辨回答说，“靖郭君（田婴）喜欢我倒是真的，说他信任我的话，可没这回事。当大王您还是太子的时候，我曾劝过靖郭君，说：‘太子的长相不好，脸颊那么长，眼睛又没有神采，不是什么尊贵高雅的面目。像这种脸相的人是不讲情义，不讲道理的，不如废掉太子，另外立卫姬的儿子郊师为太子。’可靖郭君听了，哭哭啼啼地说：‘这不行，我不忍心这样做。’如果他当时听了我的话，就不会像今天这样被赶出国都了。还有，靖郭君回到薛地以后，楚国的相国昭阳要求用大几倍地的地盘来换薛这块地方。我劝靖郭君答应，而他却说：‘我接受了先王的封地，虽然现在大王对我不好，可我这样做对不起先王呀！更何况，先王的宗庙就在薛地，我怎能为了多得些地方而把先王的宗庙给楚国呢？’他终于不肯听从我的劝告而拒绝了昭阳，至今守着那一小块地方。就凭这些，大王您看靖郭君是不是信任我啦？”

宣王听了这番话，很受感动，叹了口气说：“靖郭君待我如此忠诚，我年轻，丝毫不了解这些情况。你愿意替我去把他请来吗？我马上任命田婴为相国。”

田婴待人宽和，终因此而复相位。

为人处世，忍让为本。但律己宽人同样是种福修德的好根由。为人在世，谁也保证不了不犯错误，谁也难免得罪人，但能得到人家的宽容，你自然会感激不尽。当然，人家也会冲撞于你，冒犯于你，若你能宽容待之，人家就会认为你坦诚无私，胸襟广阔，人格高尚，于是你的身边会挚友云集，为你赴汤蹈火。

品悟人生

为人在世，谁也保证不了不犯错误，谁也难免得罪人，但能得到人家的宽容，你自然会感激不尽。

忠恕待人，养德远害

做人的基本原则，就是不要责难别人轻微的过错，不要随便揭发他人生活中的隐私；更不可对他人过去的坏处耿耿于怀久久不肯忘掉。做到这三点，不但可以培养自己的品德，也可以避免遭受意外灾祸。

西汉初年，天下已定，各位功臣翘首以待，总希望能有个好结果，有的已等待不及，早就在那儿争论功劳大小了。刘邦觉得，也该到了封赏之时了。

封赏结果，文臣优于武将。那些功臣多为武将，对此颇为不服，其中尤其对萧何封侯地位最高、食邑最多，最为不满。于是，他们不约而同，找到刘邦对此提出质疑："臣等披坚执锐，亲临战场，多则百余战，少则数十战，九死一生，才得受赏赐。而萧何并无汗马功劳，徒弄文墨，安坐议论，为何还封赏最多？"

刘邦打了个形象的比喻，说："诸位总知道打猎吧！追杀猎物，要靠猎狗，给狗下指示的是猎人。诸位攻城克敌，却与猎狗相似，萧何却能给猎狗发指示，正与猎人相当。更何况萧何是整个家族都跟我起兵，诸位跟从我的能有几个族人？所以我要重赏萧何，诸位不要再疑神疑鬼。"众功臣私下的议论当然免不了，但毕竟与萧何无仇，对此事再不满也就算了。

一天，刘邦在洛阳南宫边走边观望，只见一群人在宫内不远的水池边，有的坐着，有的站着，一个个看去都是武将打扮，在交头接耳，像是在议论着什么。刘邦好生奇怪，便把张良找来问道："你知道他们在干什么？”

张良毫不迟疑地答道：“这是要聚众谋反呢！”

刘邦一惊：“为何要谋反？”

张良却很平静：“陛下从一个布衣百姓起兵，与众将共取天下，现在所封的都是以前的老朋友和自家的亲族，所诛杀的是平生自己最恨的人，这怎么不令人望而生畏呢？今日不得受封，以后难免被杀，朝不保夕，患得患失，当然要头脑发热，聚众谋反了。”

刘邦紧张起来：“那怎么办呢？”

张良想了半晌，才提出一个问题：“陛下平日在众将中有没有造成过对谁最恨的印象呢？”

刘邦说：“我最恨的就是雍齿。我起兵时，他无故降魏，以后又自魏降赵，再自赵降张耳。张耳投我时，才收容了他。现在灭楚不久，我又不便无故杀他，想来实在可恨。”

张良一听，立即说：“好！立即把他封为侯，才可解除眼下的人心浮动。”

刘邦对张良是极端信任的，他对张良的话没有提出任何疑义，他相信张良的话是有道理的。

几天后，刘邦在南宫设酒宴招待群臣。在宴席快散时，传出诏令：“封雍齿为甚祁侯。”

雍齿真不敢相信自己的耳朵。当他确信无疑真有其事后，才上前拜谢。雍齿封为侯，非同小可。那些未被封侯的将吏和雍齿一样高兴，一个个都喜出望外：“雍齿都能封侯，我们还有什么可顾虑的呢？”事情真被张良言中了，众人都拥护刘邦。从此，大汉天下稳固了。

不管你有多么的强大，要获得众人的拥护，就要放下矛盾，甚至放下仇恨。这样，你才能变得更加强大。做人应当宽宏大量，不要紧紧抓住别人的错误或缺点不放，那样，不但证明自己人品的卑劣，而且也体现了自己狭隘的胸襟。能宽容待人，能容许人家犯错误，同样能造福于自己和别人，从而避免祸害。

品悟人生

宽容是一种幸福。我们在饶恕别人的同时，给了别人机会，也取得了别人的信任和尊敬。所以说，宽容是获得人气最好的方式。

宽广胸襟，无忧也无恼

海纳百川，有容乃大。江海之所以能成为百谷之王，是因为身处低下，方能成为百谷之王。要想拥有百川的事业和辉煌，首先要拥有容得下百川的心胸和气量。

五代时，骁将王景有勇无谋，凭一身武艺为梁、晋、汉、周四朝效力，做到了节度使，宋初封太原郡王，死后追封岐王。他的几个儿子也和他一样，骑射之外别无所长。大儿子王迁义跟随宋太祖打天下，功不大，官不高，却自以为了不起，好夸海口，经常抬出他父亲的大名来炫耀，逢人便宣称“我是当代王景之子!”人们听着好笑，都称他为“王当代”。

这样的人在现实生活中还是经常能看到。具有骄矜之气的人，大多自以为能力很强，很了不起，做事比别人强，看不起别人。由于骄傲，则往往听不进别人的意见；由于自大，则做事专横，轻视有才能的人，看不到别人的长处。这样的人没有多少人对其有好感。

《战国策》记载：魏文侯太子击在路上遇到了文侯的老师田子方。击下车跪拜。子方不还礼。击大怒说：“真不知道是富贵者可以对人傲慢无礼，还是贫贱者可以对人骄傲?”田子方说：“当然是贫贱的人对人可以傲慢，富贵者怎敢对人骄傲无礼？国君对人傲慢会失去政权，大夫对人傲慢会失去领地，只有贫贱者计谋不被别人使用，行为又不合于当权者的意思，不就是穿起鞋子就走吗？到哪里不是贫贱，难道他还会怕贫贱？会怕失去什么吗？”太子见了魏文侯，就把遇到田子方的事说了，魏文侯感叹道：“没有田子方，我怎能听到贤人的言论？”

即使成名成家也要谦和礼让，一方面，名是相对的，知识是无止境的，满招损，谦受益；另一方面，如果你居功自傲，狂妄自大，别人也会不理你那一套。《王阳明全集》卷八中这样写道：“今人病痛，大抵只是傲。千罪百恶，皆从傲上来，傲则自高自是，不肯屈下人。故为子而傲必不能孝，为弟而傲必不能悌；为臣而傲必不能忠。”因此猖狂必忍，否则害人害己。

如何忍傲忍狂，王阳明认为：猖狂、傲慢的反面是谦逊，谦逊是对症之药，真正的谦虚不是表面的恭敬，外貌的卑逊，而是发自内心地认识到猖狂之害，发自内心的谦和。自我克制，审明进退，常常能发现自己不如别人的地方，虚心接受别人的批评指正，虚以处己，以礼待人。不自是，不居功，择善而从，自反自省，忍狂制傲，方可成大事。

我们需要学会宽容，“容人须学海，十分满尚纳百川”，懂得宽容待人的好处。宽容待人，就是在心理上接纳别人，尊重别人的处世原则，理解别人的处世方法。我们要接受别人的长处，同时，也要接受别人的短处、缺点与错误。只有这样，我们才能真正地和平相处。

宽容代表着一个人的美好心性，也是最需要加强的美德之一。俗语讲，眉间放一“宽”字，自己轻松自在，别人也舒服自然。宽容是一种豁达的风范，也许只有拥有一颗宽容的心，才能面对自己的人生。

宽容就是在别人和自己意见不一致时也不要勉强。因为任何的想法都有其来由，任何的动机都有一定的诱因。了解了对方的想法，就能够设身处地地接受对方的心理。

每个人都有犯错的时候，如果执著于过去的错误，就会不信任、耿耿于怀、放不开，并且限制了自己的思维，也限制了对方的发展。即使是背叛，也并非不可容忍。能够承受背叛的人才是最坚强的人，也将以他坚强的心志在氛围中占据主动，以其威严更能够给人以信心、动力，因而更能够防止或减少背叛。

品悟人生

宽容是一种财富。拥有宽容，就拥有了一颗善良而真诚的心。这是易于拥有的一笔财富，它在时间推移中升值，它会增添你的人脉。因此，只有用一种比大海还要宽广的胸怀去对待人生、对待他人，人气一定会变得很旺盛。

为人不要太计较

中国有句古话，叫做："做人留一线，日后好相见"！所以说为了我们自己，也不要太计较。在与人相处的过程中，最怕的就是凡事斤斤计较。相反，如果能够做到宽容他人，就没有处理不好的人际关系，也没有化解不了的恩怨。

村子里有一对贫穷的老人，有一天，他们想把家中唯一值钱的一匹马拉到市场上去换点更有用的东西。老头牵着马去赶集了，他先用马跟人换了一头母牛，又用母牛去换了一只羊，再用羊换来一只肥鹅，又把鹅换了母鸡，最后用母鸡换了别人的一口袋烂苹果。

当老头扛着这口袋烂苹果来到一家小酒店休息时，遇到了两个英国人。闲聊中老头谈起了自己赶集的经过，两个英国人听后哈哈大笑，说他回去准得挨老婆子一顿揍，因为谁都知道一口袋烂苹果根本值不了一匹马。老头则说绝对不会，英国人就用一袋金币打赌，于是三人一起回到了老头子家中。

老太婆见老头回来了，非常高兴，她兴奋地听着老头讲赶集的经过。每听老头讲到用一种东西换了另一种东西时，她都对老头充满了钦佩。

老太婆一会说："哦，我们有牛奶了！"一会又说："羊奶也同样好喝。"当听说老头最后只换回一袋已经开始腐烂的苹果时，她仍然高兴地说：“太好了，我们今晚就可以吃到苹果馅饼了！”

结果，英国人输掉了一袋金币。

看过这个故事，你一定会很佩服老婆子，因为不管老头子用马换了什么，即使最后只换得一袋烂苹果，她仍然没有生气，反而说：“我们今晚就可以吃到苹果馅饼了！”是的，就算你只能得到烂苹果又有什么关系？斤斤计较不仅让自己生气，还让身边的人不高兴，这样做是最不值得的。

同样的道理，和同事相处，我们也应该有老太太那种豁达的心态，这样，你才会成为同事喜欢的人。

有这样一些人，他们和同事相处时，吃不得半点亏，受不得半点气，别人对其稍有些冒犯，他们就会大发雷霆。其实，同事之间完全没有必要斤斤计较，因为你计较越多，别人对你的印象就越不好。

小张是一个比较挑剔的人。她对自己要求很高，对别人要求更高，常为小事苛责同事。

有一天，天还没亮，小张正在公司的单身宿舍睡觉，突然门铃一阵响，把她给吵醒了，小张起床打开门一看，原来是隔壁同事出差回来走错宿舍门了。按理说这么件小事对方说声“对不起”也就算了，但小张却不依不饶地把同事责怪了一通，其他同事见了，都觉得小张太计较了。其实，小张并不是个无理取闹的人，不过是对一些小事太挑剔，比如有同事在楼梯间大声说话了，隔壁门口的垃圾没有及时倒等等，都会遭到她的指责。

小张不仅在宿舍里和同事斤斤计较，在办公室也是如此。有一次，隔壁的同事借用了她的靠椅，不小心弄了点墨水在上面，她回来后发现了，把隔壁的同事狠狠地埋怨了一通，搞得那个同事极其尴尬。

了解俞敏洪的人都说，俞敏洪不仅成人教育做得好，人缘也很好，同行们喜欢他，把他看成行业当之无愧的老大。

2004 年 4 月，胡敏离开新东方自立门户，成立新航道学校，公开与新东方叫板。学校于 9 月底开始大规模招生，招收的学员和新东方一样。这对于新东方的市场来说，不能说不是一种冲击。胡敏公开宣称“新东方走到哪儿，新航道开到哪儿”，而且新航道的 50 多位教师绝大部分来自新东方。

即便“新航道”与“新东方”在生源上有竞争，俞敏洪对于胡敏仍然赞不绝口。俞敏洪认为新东方与新航道的竞争是一种良性竞争，就像麦当劳与肯德基、伊利与蒙牛那样。俞敏洪也十分感谢胡敏，他说从胡敏出走起，他就开始考虑一个问题，那就是胡敏所说的新东方的“草莽气”，新东方是到了告别个人英雄主义的时候了。可以说，正是胡敏的离开，加速了新东方的现代化、职业化、国际化步伐。

俞敏洪说：“其实新东方人出去了，我们根本不追究。我对他们还拼命鼓励。因为新东方只是给了你一个舞台，当你跳得不舒服了，完全可以自己再搭一个舞台，无论你的舞台多小，只要你跳得舒服，就还是我的朋友。”甚至原来一些跳出去的人成立了外语机构，俞敏洪还亲自到场祝贺，他说：“只要不做对新东方有害的事情，所有离开的朋友，都可以再回来。”

看到这些，我们不难明白为什么俞敏洪会有那么旺的人气，为什么会得到那么多人的崇拜了。

对人多一分宽容，少一些计较，有时候甚至还可以适当地吃点小亏，这样做不仅不会让人瞧不起你，相反，还会让更多的人喜欢你。

品悟人生

过于计较自己的得失，甚至到了锱铢必较的地步，时间久了难免会引起人们的反感。而这些东西未必能给你带来多少好处，有时候反而会弄得自己身心疲惫，到头来得失去良好的人际关系。

第六章

沟通有术，好人气是说出来的

古人说：“修己以清心为要，涉世以慎言为先。”此话不无道理，语言是传达感情的工具，也是沟通思想的桥梁。

一句话能把人说跳，一句话也能把人说笑。要想有旺盛的人气，就应该掌握与人沟通的艺术。

好语气招来好人气

在人际交往中，有的人虽然态度谦恭，却由于不注意语言表达的委婉、平和，常常在不经意间冒犯了他人。

在一定程度上，言语冒犯带来的恶劣后果要大于“盛气凌人”。言语冒犯有轻有重。轻者，惹人不高兴；重者，则可能伤及别人的面子、自尊，让人产生报复心理。

在与人交往的过程中，因言语冒犯引发的不愉快是经常发生的。有的人说话随意，不考虑对方的反应，不考虑说出的话会导致什么后果，因而常常会给自己惹麻烦，以至于影响了人际关系。

有人请客，看看时间过去了，还有一半的客人没有来，很着急，便说：“该来的客人怎么还不来？”一些敏感的客人心想：“该来的不来，那么我们就是不该来的了。”于是悄悄地走了。主人一看客人走了，又着急地说：“怎么这些不该走的人反倒走了呢？”留下的仅有的两个客人听了心想：“他们不该走，那么就是说我们是该走的了。”于是生气地甩袖而去。

这个小故事深刻地告诉人们：说话随意会伤人自尊，影响双方关系。因此说，和人交谈一定要注意语言委婉，忌直来直去，更不可恶语冒犯，致人不快和痛苦。国外有人说："眼睛可以容纳一个美丽的世界，而嘴巴则能描绘一个精彩的世界。"委婉的语言常常可以平息矛盾与纠纷，化干戈为玉帛。

供职于某科技公司的盖先生就遇到过这么一件事。

盖先生去沈阳出差，下飞机后提着大包小包走出了机场。由于他只顾寻找接他的朋友，东张西望，一不小心撞在了一个行人的身上。那个人长得膀大腰圆，被撞后睁大两眼瞪着盖先生生气地吼道："你干吗，没长眼睛吗?"听着对方的话，盖先生心里很不高兴，刚想回敬两句，转念又想，他不文明咱不能不礼貌，吵几句又能怎样？搞不好麻烦会更大。想到这，盖先生连连道歉，说道："实在对不起，我不是故意的，请多包涵。"

盖先生几句话，说得那个人也没脾气了。他只是余怒未消地看了盖先生一眼，径直走了。

试想一下，如果盖先生以不敬还不敬，以不礼貌对不礼貌，结局恐怕就是另外一种了。所以法国作家雨果说："语言就是力量!"

另外，心直口快常会无意中给别人带来伤害。因此，心直口快固然可嘉，但这不能成为在给别人造成伤害后推卸责任的理由。我们本可以把语言说得更委婉一些，让人听着更舒服，更易于接受。

梁先生是个心直口快的人。有一次他在保龄球馆和办公室的同事打球。对方是初学者，球艺自然不行。出于好心，他便当教练教起对方来。打球过程中他一会儿说人家"真臭"，一会儿说"你这人看起来挺精明的，怎么学打球这么笨。脑子是不是进水了"。同事气得不客气地说："你说话可不可以委婉点?""什么委婉，你笨就笨嘛，还不让人说了。真是的。"

就这样，同事气得转身走了。梁先生本是好心教别人打球却使两个人弄得十分不愉快。由此可见，在与人交谈时，一定要考虑对方对你说的话会有什么反应，忌直来直去。

委婉的言语是蜜，即使你回绝了对方，客客气气的言语让人听了心里也舒服；直来直去的言语则是一把刀，能够刺得人心里流血。前者会使人对你心生好感，后者则会让人对你痛恨不已，甚至心生报复。

喜欢直言直语的人说话时常常只看到现象或问题，也常常只顾自己的“不吐不快”，而很少考虑旁人的立场、观念以及心理感受。当然他的话有可能鞭辟入里，直指问题的核心，逼得当事人不得不启动自卫系统；若别人启动了自卫系统后仍招架不住，恐怕就会对他怀恨在心了。于是他的人际关系就会出现障碍。

喜欢直言直语的人一般都具有“正义倾向”的性格，言语的爆发力、杀伤力很强。有时候这种人也会变成别人利用的对象，鼓动他去揭发某事的非法，去攻击某人的不公。不管成效如何，这种人总要成为别人的牺牲品，成为别人的眼中钉、“一号”报复对象。

品悟人生

言语谨慎的人哪怕面对的是一个十足的“无赖”，也会化险为夷，能够有效地保护自己，并且树立良好形象，轻松拥有好人际关系。

说话要看准对象才会有人气

世界上没有两个完全相同的人，因为人有性别、教养层次、性格、心境、地域、文化背景等区分。

人与人之间的差异有时是惊人的，不同的对象对同一句话会产生不同甚至相反的效果。因此，与不同的人沟通，就要采取不同的说话方式，就是俗话所说的“见什么人说什么话”。

1. 看性格说话，人各有其情，各有其性。言辞表达的内容与方式必须因人而异，符合接受对象的脾气、性格，才有可能产生“同声相应，同气相求”的效果。

性格外向的人易于“喜形于色”，性格内向的人多半“沉默寡言”。

同性格外向的人交往，你可以侃侃而谈，同性格内向的人交往，则应注意循循善诱。

在两千多年前，孔子就注重针对学生的不同性格来回答他的问题。有一次，孔子的学生仲由问："听到了，就去干吗?"孔子回答说："不能。"另一个学生冉求也问："听到了，就去干吗?"孔子说："干吧!"公西华听了感到疑惑，就问孔子："两个人问题相同，而你的回答却相反。我有点儿糊涂，想来请教。"孔子答："求也退，故进之；由也兼人，故退之。"（意思是，冉求平时做事好退缩，所以给他壮胆；仲由好胜，胆大勇为，因此我要劝阻他。）

由此可见，孔子诲人不是千篇一律，而是因人而异，尤其注重学生的性格特征。在日常交往、公关交往活动等各方面的交谈也要注意这一点。

2. 看性别说话，性别不同，对言辞的接受也有一定的差别。俄罗斯有一句谚语说："男人靠眼睛来爱，女人靠耳朵来爱。"这就指出性别对于接受是有影响的。无论是言辞涉及的内容，还是言辞表达的程度、声调都是如此。

在现实生活的社交场合、会议间隙、公益活动中，人们在礼节性的互致问候之后，通常喜欢三个一群、五个一伙地聚在一起交流。而这三个、五个的，又总是按性别组合——男士与男士侃，女士与女士谈。我们注意到这样一个情况，男士的话题大而广，女士的话题小而狭。通常来说，男士爱谈的是时事、政治、法律、体育、文化、社会问题、经济动向等；而女士爱谈的则是孩子、丈夫、日常经济、消费心得、风流艳闻等。说话者必须依据性别选择说话的内容，努力使自己的言辞吻合接受者的性别需求。

在说话者言辞接受的程度上，通常来说，男士较能承受率直、干脆、粗放、量重的话语；而女士则喜欢委婉、轻柔、细腻、量轻的话语。说话者必须依据接受对象的性别选择自己的表达方式与程度。

在一般情况下，说话者假如是男士，而接受者又并非是自己的妻子、恋人或关系很密切的姐妹，那么，言辞就应当严格把握分寸，在内容上、方式上都要充分注意女性的接受特点。对一些可以向男士说的话，就不一定能向女士说；对一些可以向男士使用的表达方式，就不一定用之于女士。

3. 看教养层次说话。教养是指接受对象的一般文化和品德水准，包括文化程度、知识积累、生活阅历、涵养气度等。教养层次的不同，对说话者言辞的接受程度也不同。有些话说出来，甲听得懂，理解得很好；乙也许会听不懂，理解不了。

作家丁玲的小说《太阳照在桑干河上》中的人物——工作组的组长文采的演讲，就是没有区分接受对象的教养层次和实际的需求，而致使“言者谆谆，听者藐藐”。

因此，说话者在进行言辞表达的时候，要认清自己的接受对象的教养层次怎么样，盲目表达不仅达不到交流的目的，甚至会弄巧成拙，贻笑大方。在现实的交往中，从我国现阶段的国情来看，对接受对象教养的认识，更多的还是文化程度不高、知识欠丰富。说话者面对这样的接受对象，一时间不能确定其教养程度时，所表达的言辞，应力求通俗化、大众化；那种故作深沉、“吊书袋”的做法，是不可取的。

4. 看地域说话。指的是接受对象所处的地理位置，包括国别、省别、族别等。不同的地域有不同的地域文化，彼此在认识、观念、习惯、风俗上都有一定的区别，对说话者言辞的接受就会有所不同。说话者在进行言辞表达的时候，应当认清接受对象的地域性，才会产生良好的交际效果。

因地域不同而产生的表达差别，甚至在同一个民族、同一个省区的不同位置，也有表现。比如，都是汉族，居于大陆者与居于台湾者对同一个概念的表达与接受就不一样：计划生育——家庭计划，接班人——传人，好莱坞——荷里活，撒切尔——柴契尔，新西兰——纽西兰，表演——作秀，立体声——身历声，渔民——讨海人……又如同贵州人，对西红柿，贵阳人叫毛辣角，遵义人叫番茄，兴义人叫酸角，独山人叫毛秀才。说话者如果不区分这些地域上的差别，交流的目的就很难实现。有些严重的差异，如不分清，甚至还会对说话者产生严重的后果。

5. 看对方的心境说话。心境通俗地称为心情，是一种比较持久的、微弱的，但能影响人的整个精神活动的情绪状态。大家都知道，在听觉方面，声波在耳蜗内转变成一种可供神经系统使用的密码。通过神经系统的处理，听者就把这些编了码的信号感知为能够表达说话者意思的词汇。既然听者要将接受到的信息通过神经系统处理，那么，听者的心境，必然会影响到语言的交流效果。

《红楼梦》第八十三回写到大观园中一个婆子教训自己的外孙女："你这不成人的小蹄子！你是个什么东西，来这园子里头混搅！"这话恰好被黛玉听到，她误认为婆子骂她，于是大叫一声道："这里住不得了！"直气得"两眼一翻亡去"。

婆子的话本来是不让外孙女到大观园中来，但黛玉不这么想。她那种寄人篱下的特定处境和心态使她产生了误会。因此，同样一句话，不同的人听来感受会完全不同。

6. 看文化背景说话。随着社交范围的不断扩大，我们的交际对象也将会有不同国家、不同民族、不同地区、不同阶层的人，要适应交际的广泛性，就要考虑不同文化背景下说话的特点，使我们说出来的话与特定的文化背景协调一致。

比如，交际场合的称呼语，受文化背景的制约尤为明显。各民族在长期的社会发展中，形成了各自的称呼习惯，能使交际对象产生良好的心理效应。

因此，说话一定要看对象，有位伟人曾经生动地说过："射箭要看靶子，弹琴要看听众，写文章说话就可以不看读者不看听众么？"写文章要看读者，说话更要看听众，为了使自己的话引起对方的重视或取得对方的认可，顺利达到交流的目的和效果，说话就必须考虑看准对象，因人而异。

品悟人生

人与人之间的差异有时是惊人的，不同的对象对同一句话会产生不同甚至相反的效果。因此，与不同的人沟通，就要采取不同的说话方式。

把握分寸，言谈得体

两个原本素不相识的人，在初次交谈中说话一定要谨慎，否则就有可能引起对方的反感，导致交际的失败。因此，在与他人沟通时，一定要注意把握分寸，做到言语得体。否则，将会导致沟通障碍和人际关系的隔阂。

初次交谈的时候要有分寸，不能触犯别人的隐私。

有一天，刚参加工作的小刘被派到外地去出差。在车厢内，她碰到了一位来华旅游的英国姑娘。由于对方首先向刘小姐打了一个招呼，刘小姐觉得不与人家寒暄几句实在显得不够友善，便操着一口流利的英语，大大方方地随口与对方聊了起来。

在交谈的过程中，刘小姐有点没话找话地询问对方："你今年多大岁数?"不料人家答非所问地予以搪塞："你猜猜看。"刘小姐觉得很没趣，转而又问："到了你这个岁数，你一定结婚了吧?"这一回，那位英国小姐的反应更令刘小姐出乎意料：对方居然转过头去，再也不搭理她了。一直到下车，她们两个人再也没有说上一句话。

刘小姐与那位英国姑娘话不投机，不欢而散，主要是由于她在交谈中向对方所提出的问题，是国外纯属不宜向人打探的个人隐私。按照常规来说，对方是有权利拒绝回答的。

把握分寸，言谈得体是一种很重要的沟通艺术。说话是否有分寸，对于我们能否与人有效的沟通，甚至办事成败有着很大的关系。把握分寸，言谈得体，说白了就是要注意自己说出的话千万不能伤及别人的情绪。不管自己有意还是无意，如果说话的分寸把握不当，就会“得罪”对方，影响沟通的效果，影响你的人际关系。

要想在初次交谈中做到言语得体，应该注意以下的基本原则：

1. 用语谦逊、文雅。如称呼对方为“您”“先生”“小姐”等；用“贵姓”代替“你姓什么”，用“不新鲜”“有异味”代替“发霉”“发臭”。假如你在一位陌生人家里做客需要用厕所的时候，则应说：“我可以使用这里的洗手间吗?”或者说：“请问，哪里可以方便?”多用敬语、谦语和雅语，能体现出一个人的文化素养以及尊重他人的良好品德。

2. 态度诚恳、亲切。说话本身是用来向人传递思想感情的，因此，说话时的神态、表情都很重要。比如，当你向他人表示祝贺的时候，假如你嘴上说得十分动听，而表情却是冷冰冰的，那么对方一定认为你只是在敷衍而已。由此，说话必须做到态度诚恳和亲切，才能使对方对你的说话产生表里一致的印象。

3. 语言要简洁、精练、准确，使对方在较短的时间内获得较多的信息，切忌空话连篇，空洞无物。

4. 声音大小要适当，语调应平和沉稳。无论是普通话、外语、方言，嚼字都要清晰，音量要适度，以对方听清楚为准，切忌大声说话；语调要平稳，尽量不用或少用语气词，使对方感到亲切自然。

5. 语言上要考虑对方的接受能力，尽量做到通俗易懂，切忌卖弄文采、说艰涩难懂的语言。

言谈得体就是在与人交谈中使人愉悦，不做言谈中令人讨厌的角色，那么言谈中要注意避免下列几种情况：

(1) 不要太沉默。有些人不管别人说啥总是在一边不吭气，或许是内向、自卑，或许是话不投机，但是过于沉默的人会使与其交往的人感到压抑，致使正常的社交气氛被破坏，自己也找不到朋友。

(2) 滔滔不绝。一开始谈话，不管别人感不感兴趣，爱不爱听，自顾自在那里滔滔不绝、眉飞色舞，使对方一句话都插不上，听话的人必然会感到索然无味。

(3) 爱嚼舌头。有些人或许是太无聊，或许是心理变态，他们最关心的就是张家短、王家长，一到某些场合不是打听对方就是编排对方，加上自己的非凡想像力，使事情的经过由其嘴变得有情有节，类似于电视剧本。

(4) 不要抢白。人们在讲话时都希望他人能认真听，在讲到兴致颇高的时候，被人抢白、打断肯定使人很不乐意。哪些总是喜欢打断、抢白他人的人一定是社交圈中不受欢迎的人，因为这种行为被称之为不识时务。

(5) 不要自夸。交谈中需要自信、自强，但在谈话中老是夸耀自己能干、自己的成功、自己的感觉，会使他人感到很自卑、不自在。太爱表现自己的人，通常使人很讨厌。

(6) 不要多用"我"字。说话中老是"我"字不离口的人，一定是个表现欲很强并且还是一个挺自负的人。他不关心其他人的事情，不爱倾听他人的话，只关心自己内心的想法。这样的人也一定不是个谦虚平和的人。

总之，在人际交往过程中，沟通并非是将你知道的一切都和盘端出，讲究一下方式，掌握好分寸，你才能够增加个人魅力，拥有好人际关系。

品悟人生

把握分寸，言谈得体，说白了就是要注意自己说出的话千万不能伤及别人的情绪。不管自己有意还是无意，如果说话的分寸把握不当，就会得罪对方，影响沟通的效果，影响你的人际关系。

口无遮拦人气淡

有人认为，嘴巴长在自己身上，自己想怎么说就怎么说，百无禁忌。诚然，嘴巴受自己的控制，外人控制不了，但是，口无遮拦，只会落个“祸从口出”的结果。在任何场合，有些话该说，有些话打死也不能说！可以说，口无遮拦是人气的大忌，比如传播小道消息、做办公室的“预言家”、有一张“乌鸦嘴”等，这些常常会伤害你的上司或同事，大家不喜欢交你这样的朋友，上司也不喜欢你这样的下属。

有些人喜欢传播小道消息，他们常捕风捉影散布消息。有这种习惯的人最不受欢迎。

小洁是个聪明伶俐，活泼好动的女孩，在公司里和每个同事的关系都能保持密切，可这只是表面现象，实际上同事们都不太喜欢她，背后还给她起了个外号叫“密探”。

小洁总能打听到别人都不知道的公司“内幕”，经常神神秘秘地对同事们说：“知道吗？咱们的厂花要高升了！原因？就别问啦。”“某某人得到上司的赏识，据说全是靠脸蛋。”“某某人跟老板去跳舞啦”、“谁谁和主管……”等等，时常弄得公司上下谣传四起，就像隐私超市或大卖场。

很多人都有小洁这样的毛病，总是爱传播小道消息、花边新闻，自以为是个“万事通”“消息王”，但他们却忽略了自己正在制造紧张气氛。

还有一种人像是天生的“预言家”。有些人却对此乐此不疲，像个神秘的预言家一样，只不过他们预测的是别人的隐私、前程和不该测知的东西，最终结果却没有预料到自己正被人鄙夷和厌恶。

一大早，公司的前台小周就在办公室里咋呼了起来：“你们猜我刚才来的路上碰到谁了？你们肯定猜不到——是总裁和咱们部门的张经理！两人有说有笑的，好不亲密，看来，张经理是升迁有望了！”对此，办公室里的人敷衍地笑了笑，而刚走进来的张经理却沉下了脸。

中午吃饭时，小周的大嗓门又扯了开来：“你们有没有看到，最近老郑和张经理闹得挺僵的，估计就快被‘开’了！”没有同事对她的话有所反应，而远远走来的老郑则被她的大嗓门刺得一震。

下午去领工资的时候，小周不待钱拿到手，又迫不及待地“感慨”道：“我听财务小张说，这个月咱们部门效益不好，要扣咱们奖金！”同事们都皱起了眉头。

晚上下班时，在不断下降的电梯里，小周又一次发表“预言”：“最近小王和小孙总是两个人单独行动，要我看，他们是‘好事’近了！”此时，同事们的脸上已经抑制不住厌烦的情绪。

就这样，小周每天都在办公室里发布着“惊天大预言”，诸如办公室里谁和谁肯定要好，谁和谁准有矛盾，今天要发笔什么钱、哪些人会有哪些人又没有……她统统都知道，也都迫不及待地让别人知道。实际上，作为一个前台，她又真能知道多少公司的机密？不过是为了引来众人羡慕的眼球罢了。

小周这样的习惯，在很多人身上都能或多或少地寻觅到。很多人习惯于收集小道消息、发布惊人观点，从而展现出他们与众不同的地位、四通八达的人脉，以赢得更多关注和钦佩的目光。可结果却是，他们往往不能迎来真正钦羡的目光，反而可能会被人当成“大嘴巴”，让所有人都对他们“敬而远之”，不敢靠近，深怕他们会为自己带来灾难的“预言”。

任何人都有话语权，但弄得不好，这种权力并不能带来便利。但是，要是天生一张乌鸦嘴，那你一定招人烦。

章婷在某办公室做文员，她性格内向，不太爱说话。可每当就某件事情征求她的意见时，她说出来的话总是很“刺人”，而且她的话总是让人觉得“不好听”。

有一回，自己部门的同事穿了件新衣服，别人都称赞“漂亮”“合身”之类的话，可当人家问章婷感觉如何时，章婷直接回答说：“你身材太胖，合身吗？”甚至还说：“这颜色你穿着也太艳了，还以为自己十八呢。”

这话一出口，搞得当事人很生气，而且周围大赞衣服如何如何好的人也很尴尬。虽然章婷说的话有一部分是事实，比如该同事比较臃肿。

还有一次，一位同事说定在“五一”节结婚，章婷一听随口就说：“‘五一’人多车多，很容易发生交通事故。”

这位同事听了，在心里就像吃了只苍蝇，好几天都觉得不舒服。

后来，公司里几乎没有一个人愿意主动搭理她。

传播小道消息、做“预言家”、有一张“乌鸦嘴”……这些都是同事最厌烦的习惯。也许你知道为什么总是不讨同事喜欢了吧？也许你也明白为什么老板不爱和你“谈笑风生”了吧？检查一下，是不是经常口无遮拦，要有的话，赶快改一改，这样，你会更加有人缘。

品悟人生

任何人都有话语权，但弄得不好，这种权力并不能带来便利。但是，要是天生一张“乌鸦嘴”，那你一定招人烦。

争论让你失去人气

一位名人曾说过，“争论的背后往往孕育着危险”。此话确实一点不错。与人交流中难免会出现意见不一致的时候，假如你只知道自顾自地喋喋不休，全然不顾他人的感受，对方就会认为你是个狂妄自大的人而不愿与你交往，甚至会因为争论时的过激言语刺伤自尊心，引起双方的矛盾。和别人争论而失去了朋友，失去了好人缘，这实在令人觉得可惜。要知道争论对人对己都是毫无益处的，它只会拉开你与别人的感情距离，招致对方的反感而已。

萧陌伶牙俐齿，是辩论赛上的女状元，当她在台上口吐莲花般地辩论时，同学们忍不住为她的口才折服。然而，在生活中却没人喜欢她，因为她把她的辩论才能也用在了和同学的沟通中。

“不对，你的提法就是错误的！”

"太可笑了，你怎么会这么认为！你的观点太落伍了！"

"我的想法是绝对正确的，你不用再跟我争了！"

……

每一天，萧陌都要为一些小事、为一些看法和同学争论个没完，一副"你不投降誓不罢休"的架势，同学们都有点害怕她了，她总能使轻松的聊天变成一场激烈的对抗，和她在一起总是提心吊胆，生怕一句话说错了让自己陷入一片"枪林弹雨"里。萧陌身边的朋友越来越少，没有人喜欢和一门随时会喷火的"大炮"待在一起。

著名成功学大师卡耐基指出：普天之下，只有一个办法可以从争论中获得好处——那就是避开它。避开它！像避响尾蛇和地震一般。十有九次，争论的结果总使争执的双方更坚信自己绝对正确。不必要的争论，不仅会使你丧失朋友，还会浪费你大量的时间。

英国某机构曾调查了1万例真实的争论。他们偷听了社会各个阶层人士之间的争论，包括司机和乘客，丈夫与妻子之间，推销员和柜台服务员，甚至包括联合国的辩论。他们用偷听的录音做的细致分析，使人无比惊讶地发现了一个问题：职业的辩论家，包括政治家和联合国代表，他们的意见被接受的成功率反而不如走街串巷进行游说的推销员成功。

其原因就在于：专业辩论的目的在于找出对方的弱点进行驳斥进而达到推翻其意见的效果，而与此相反的推销员的目的却是避免争论，他们只是尽力找出一个观点使对方能接受、赞同或改变主意。

只要我们仔细思考一下就会发现，喜欢争论的人往往对自己没有信心，希望通过争论的胜利来说明自己的水平，维护自己的尊严，这种想法本身就已经暴露了他们的低级自尊——企图压低别人来抬高自己，把别人驳得一无是处了，自己却洋洋自得了。

用争论的方法来解决问题，即使你获胜了，也只会伤害了别人的自尊，根本交不到任何朋友。因此，个人修养高的人，提出意见时总是尽力避免争论的。就如同鲁迅对年轻人的提拔与指正绝不会直接指出，反而会用一些类似"黑水潭"的比喻让对方自己意识到，即采用不会伤害别人自尊的做法。

品悟人生

和别人争论而失去了朋友，失去了好人缘，这实在令人觉得可惜。要知道争论对人对己都是毫无益处的，它只会拉开你与别人的感情距离，招致对方的反感而已。

人际交往需要真诚的谎言

小时候，我们总是被告诫："说谎不是一个好孩子！"于是，在走上社会之后，我们会秉承儿时的教诲，任何时候都说真话，决不说半句假话。可是，在和人相处的时候，要是总以真话示人，常常会给人伤害。

生活里没有绝对的真实，如果你什么事情都实话实说，只会给自己制造出一大堆的麻烦，甚至会与整个社会格格不入。在人际交往过程中，给真实加点谎言的"佐料"，往往能够迅速地拉近彼此的距离，让你们之间的交往变得更加亲切。

一天，阿亮与阿伟一起去拜访一位教授。那个教授为人严肃，平时不苟言笑。坐了半天，除了开头说了几句应酬话，剩下的只是让人尴尬的沉默。

忽然，阿亮看到教授家养着几条色彩斑斓的热带鱼。他知道这鱼叫"地图"，自己曾送给阿伟几条。教授见阿亮神情专注地盯着自己的热带鱼，就笑着问："还可以吧？才买的，见过吗？"阿亮虽然知道那是"地图"却说了一句谎话："还真没见过。叫什么名字？明儿我也打算养几条呢！"阿伟不解地看看他，心想装什么糊涂，不是上星期还对我说起过吗？

教授一听，来了兴致，大谈了一通自己的养鱼经，阿亮听得频频点头。那位教授像是遇到了知音，说说笑笑，如数家珍地给他讲每条鱼的来历、名称、特征，又拉着他到书房看他收集的各类名贵热带鱼的照片，气氛顿时活跃了很多。他们本来打算坐坐就走，不料教授一再的挽留，直到晚饭后才放他们走。教授在他们临走时硬塞给阿亮几尾小鱼，还一直把他们从七楼送到楼下。

阿亮的一句“谎话”使教授前后判若两人，本来几乎陷入僵局的交谈又顺利地进行下去了，这都归功于阿亮假戏真做的本领，如果阿亮就“金鱼”的问题实话实说，那么场面可能就会继续尴尬下去，教授也不会有如此高的热情。

一般情况下，在待人处世中要讲究真诚，“说谎”最要不得。但是假如你善于把谎言当成真话来说，讲究说谎的尺寸与艺术，谎言也会给你带来好处，因为人性中一条很重要的弱点，就是大家都乐于被虚假的事实所安慰。

小王到店里去买自行车，由于知道自己身长腿短、不成比例，选好车子付钱后，便请老板把车座调低。谁知车店的老板一番仔细查看后，十分真诚地说：“先生，你的腿绝对是长的！”顿时，小王飘飘然地望着老板把自行车的座调高。路上，想着老板充满自信又果断的“你的腿绝对是长的”这句话，内心不由自主地欣喜若狂。

在人际交往中，“说谎”要说得恰到好处，才能够获得他人的好感。比如，在与别人寒暄时，说“你看起来容光焕发，神采奕奕”后，马上再加上一句“看起来比你的实际年龄年轻很多”，相信对方必然会有一种满足感，对你更是产生良好的印象，因为喜欢被人赞美年轻，是男人女人的常态。

品悟人生

“谎言”就像是生活的调味剂，在适当的时候说出的“谎言”，饱含真诚，散发出温暖的光辉，能让“说谎者”与“被骗者”共享欢乐。而过于真实只会让你的同事“吃不消”，对你敬而远之。

能说不如会听

人们常说“会说的不如会听的”，每个人都有表现自己的欲望，如果你能适时地做一个倾听者，那么一定会获得更多的益处。

勒顿在纽约的一家百货商店买了一套衣服。可这套衣服穿上却很令人失望：上衣褪色，把他的衬衫领子都弄黑了。不得已他又来到该商店，找卖给他衣服的店员，告诉她事情的情形。勒顿想诉说此事的经过，却被店员打断了。店员一再声称：他们已经卖出了数千套这种服装，勒顿是第一个来挑剔的人。正在勒顿和店员激烈争论的时候，另一个店员也加入了，他说所有黑色衣服都要褪一点颜色，并强调这种价钱的衣服就是如此。

勒顿听到这些，简直气得冒火，店员不仅怀疑他的诚实，而且还暗示他买的是便宜货。勒顿正要骂他们，正好经理走过来。正是他使勒顿改变了态度。

他先静静地听勒顿讲述了事情的经过，当勒顿说完时，店员们又开始插话表明他们的意见。而此时经理却站在勒顿的立场与他们辩论。他不仅指出勒顿的衬衣领子明显地是被衣服所污染，并坚持说，不能使人满意的东西就不应在店里出售。他承认自己不知衣服褪色的原因，并请勒顿提出他的要求。

就在几分钟前，勒顿还预备要店员留下那套可恶的衣服，但现在却决定听取经理的意见：再试穿一周，如果到时仍不满意，就来换。勒顿非常满意地走出了那家商店，一周后这衣服没有毛病，勒顿发现那家商店还是可以信任的。

从人的本性来看，每个人最关心的都是自己。在任何时候都要做一个善于倾听的人，鼓励别人多谈论自己。这样，不但能够让你得到对方的信任和喜欢，还能够让你更清楚地了解对方，认清自己，你又何乐而不为呢？

作家鲍威尔曾说：我们要聆听的是话语中的含意，而非文字。在真诚的聆听中，我们能穿透文字，发掘对方的内心。

人们都喜欢倾听者，有同情心的倾听者和亲密的朋友一样重要，无论对个人还是对团体都能起到积极的作用，并且让人们感觉他们相当可靠、值得信赖。

倾听者会在考虑自己的需要前，先考虑他人的需要，并且会支持和帮助他人。倾听者喜欢进入他人的心灵和头脑，他们乐于分享他人深层次的感受。人们倾向于向倾听者打开心扉，是因为人们渴望被关怀，而且真诚的倾听者也确实做到了这一点。

当他人受到伤害时，倾听者也同样有受伤的感觉，就如同他自己经历过一样，当他人心痛的时候，他们的心也真的痛了起来。为了帮助他人克服这种伤害，他们总是和他人更接近，所以他们愿意听更多人诉说以达到心灵的相通。

倾听者充满人性，并且极为忠诚。如果他们的需要在工作中得到满足，他们会更加努力，愿意倾听所有的声音，而且不论其身份，他们对任何人都有同情心，这就是他们的魅力所在。

每个人都喜欢倾听者，倾听者是无法抗拒的，因为他们富于同情心，愿意分享人们的弱点，愿意听人们诉说不愉快的情绪。如果你想要其他人喜欢内在的你，那么你就去做个倾听者，真诚地去倾听别人心里的声音。

从某个你感觉非常亲近的人，或者是与你有信任关系的人开始，不论他是一个家庭成员还是一个朋友，与他在一起度过一些不受干扰的时间，并且听他讲述他生命历程中最重要的篇章。

在这个过程中，随之而来的情绪可能会让你哭或笑。当你越来越多地尝试这一过程时，你会发现自己拥有了讨人喜欢的倾听者的特质。当这种特质增强时，你会擅长对情绪的掌控，更能够运用你对他人的感觉去判断他人。

艾略特是个熟练的倾听艺术大师。美国小说家亨利·詹姆士回忆说：艾略特的倾听并不是沉默的，而是以活动的形式。他直挺挺地坐着，手放在膝上，除了拇指或急或缓地绕来绕去，没有其他的动作。

艾略特面对着对方，似乎是用眼睛和耳朵一起听他说话。他专心地听着，一边听一边用心地想你所说的话。最后，这个对他说话的人会觉得，他已说了他要讲的话。

如果，你在听别人倾诉时目光游移不定，注意力分散，甚至左顾右盼，你就不会是一个真正的倾听者。当然，你可以在听的时候喝一杯咖啡或者抽一支烟。在倾听时，你还应该进行一些恰当的交流和引导，让对方在倾诉过程中，对于所面对的问题有更多的认识和了解，并且鼓励他凭借自己的力量，寻求解决问题的方法。

你可以在谈话中采取下面的两种方法，引导别人找到解决问题的方法。

用你自己的话，重复一遍你所听到的，例如："你认为……"一方面，你可以借此向他表示，你用心倾听了他讲的话；另一方面，你也给他一个机会，使他能够对他再次听到他自己所说过的话，进行一些修正和补充。

在谈话的过程中，你应该适当地分析对方的心理状态，可以从你的角度评价对方的感情状态。

品悟人生

作家鲍威尔曾说：我们要聆听的是话语中的含意，而非文字。在真诚的聆听中，我们能穿透文字，发掘对方的内心。

好谈吐换来好人缘

这是一个讲究人际沟通的时代，这是一个靠口才赢得人际关系的时代。在当今社会中，事业的成功离不开口才，人际关系的兴旺同样需要好口才。人与人之间进行思想交流和感情交流，最直接、最方便的途径就是语言。

有一次，叶小姐和几个同事一起去参加省里的业务考试，当她走进考场时，只见叶小姐的桌子上有三个大钉子分布成三角形排列在桌面上，并冒出很高。假如不注意，这不仅会刮衣服，同时也会影响答题的速度。叶小姐一脸的怒气要求监考老师换桌子，可监考老师说："现在不能换，别违反考场纪律！"叶小姐气得柳眉倒竖，连说，"真倒霉，不考了。"这时一位同事见了忙打圆场说："有几个钉子算什么！"叶小姐说："你说得轻松，这可是三个钉子，躲都躲不过去呢！"这位同事说："你太幸运了，我还求之不得呢！"叶小姐说："你别拿我开心了，这么倒霉的事要让你碰上，你还能说幸运？"这位同事说，"你知道这三颗钉子说明了什么吗？这叫板上钉钉！说明你今天的三科考试铁定了都能过关。"叶小姐听后，马上转怒为喜："借你的吉言，我今天要是三科都及格了请你去吃麦当劳。"结果一个月后公布成绩，叶小姐三科都顺利过关。

这位同事真是个会说话的人，他巧妙地把人们常说的"板上钉钉"与三科考试联系在一起，这样不仅平息了叶小姐的怒气，还给了她积极的联想，使她在愉快的心境下参加考试并顺利通过。试想一下，如果你就是叶小姐，你会不喜欢这位同事？这样会说话、会用巧妙的语言宽慰、鼓励他人的人，不论走到哪里都会受到他人的欢迎。

通过出色的语言表达，可以使陌生的人产生好感、发展友谊，使相互熟知的人感情更深；可以使有分歧的人相互理解、化解矛盾；也可以使相互仇视的人化干戈为玉帛。

刘复才为江夏县知事，为人极为敏捷，经常在两方争执不下之际，他一两句话就为双方打了圆场。都督张之洞和抚军谭继洵平时意见就不太一致。一天，刘复才设宴，二公及其他客人都在座。酒过三巡，诸位都有些醉意。忽然，一位客人不知怎么谈到了武汉江面有多宽的问题。

谭继洵说有五里三分宽，他的话音未落，张之洞就说道："不对！我记得是七里三分宽。"

两人顿时争执起来，互不相让，旁边坐着的诸位客人劝说，也无济于事。大家一下子都不知道说什么好，只好任由他俩争执。

刘复才坐在末座，看见席间这番争执，他想此宴搞得不欢而散可就糟了。他急中生智，徐徐举起手来，说道："江面水涨，则宽七里三分。水落，则五里三分宽了。张公是就水涨时说的，谭公则是就水落时说的，两位先生均没有错。"

张之洞和谭继洵听到此话，顿时哈哈大笑起来，席间顿时恢复了原有的轻松气氛。

在座的客人也为刘复才的片语解围的机敏而折服。

刘复才用妙语巧打了圆场。在人际交往中，这种能说会道的"和事佬"，能不受欢迎、能没有好人缘吗？

我们在与他人说话时，要始终保持一种好的心情，便不难赢得他人对你的好感。反之，以自命不凡的态度，说话装模作样、装腔作势，将会失去许多朋友。

世界上没有十全十美的人，随便说及他人的短处，或揭露他人的隐私，不仅有损于他人的声望，也足以表明你为人的卑鄙，自然是要被人拒之门外。假若你想成为受欢迎的人，千万不要做这种人。要是有人向你说他人的短处时，你唯一的办法就是一听了之，不要深信片面之词，更不可作传声筒。

日常的很多无谓的事情，往往会引起争辩，然而这种争辩很容易使个人的形象受损。我们知道用争辩压倒对方是无意义的，即使对方暂时表示屈服了，但肯定不是心悦诚服。好争辩的人，会损害他人的自尊心，因而使他人对你产生反感情绪，还容易习惯性地挑他人的缺点与不足，而忽视自身的修养，变得骄傲自大、自以为是，还将失去许多的朋友。而说话时注意维护他人的自尊心，可以使你变成受欢迎的人。

同样，人们常常最有兴趣谈论自己的事，在他人面前夸耀自己，实际上这是很愚蠢的行为。它不仅不能引起他人的同感，还会令人觉得十分好笑。因此，你若想成为一个受欢迎的人，千万不要随便说及自己，更不可夸耀自己。你应当明白，个人的事业、行为在他人看来是清清楚楚的，没有必要自己说出来。忘记你自己，而尽量引导他人多说他自己的事，并认真地去倾听，你一定会留给对方最佳的印象，成为一个最受欢迎的人。

品悟人生

我们每一个人都想成为受欢迎的人，没有一个人认为被人讨厌是光荣的。我们知道，假若一个人爱揭人隐私、爱争辩、爱使他人为难、爱自吹自擂，那么他很可能得不到别人的欢迎和喜爱。只要他一出场，人们就会躲得远远的，把他孤立起来。

直言最容易伤人气

人际交往中的分寸感是一种智慧和能力，需要不断修炼。无论得意时还是失意时，都需要不断自我反思与修炼。

说话尺度是分寸感中最难掌握的，有些人不懂得说话时掌握分寸，因此常常得罪人，不利于人际交往。

从前，有一个爱说大实话的人，什么事情他都照实说，所以，不管他到哪儿，总是被人赶走。这样，他变得一贫如洗，无处栖身。

最后，他来到一座修道院，指望着能被收容进去。修道院长见过他问明了原因以后，认为应该尊重那些热爱真理，说实话的人。于是，把他留在修道院里安顿下来。修道院里有几头牲口已经不中用了，修道院长想把它们卖掉，可是他不敢派手下的什么人到集市去，怕他们把卖牲口的钱私藏腰包。于是，他就叫这个人把两头驴和一头骡子牵到集市上去卖。

这人在买主面前讲实话说："尾巴断了的这头驴很懒，喜欢躺在稀泥里。有一次，长工们想把它从泥里拽起来，一用劲，拽断了尾巴；这头秃驴特别倔，一步路也不想走，他们就抽它，因为抽得太多，毛都秃了；这头骡子呢，是又老又瘸。如果干得了活儿，修道院长干吗要把它们卖掉啊？”

结果买主们听了这些话就走了。这些话在集市上一传开，谁也不来买这些牲口了。于是，这人到晚上又把它们赶回了修道院。

修道院长发着火对这人说：“朋友，那些把你赶走的人是对的。不应该留你这样的人！我虽然喜欢实话，可是，我却不喜欢那些跟我的腰包做对的实话！所以，老兄，你走吧！你爱上哪儿就上就上哪儿去吧！”就这样，这人又从修道院里被赶走了。

其实，故事中主人公的遭遇并不是偶然的，现实生活中也不乏类似的例子。

圣诞节，学校举行庆祝大会，老师一边分糖果、蛋糕，一边说：“看啊，小朋友们，圣诞老人替你们带来什么礼物？”凯蒂马上站起来，严肃地说：“世界上根本没有圣诞老人。”老师虽然很生气，但还是压住心中的怒火，改口说：“相信圣诞老人的乖女孩才能得到糖果。”凯地回答：“我才不稀罕糖果。”老师无奈地笑了。

人无论处在何种地位，也无论是在哪种情况下，都喜欢听好听的话，喜欢受到别人的赞扬。毕竟工作很辛苦，虽然能力有大有小，但都尽了自己的一份力量，当然希望自己的努力得到他人和社会的承认，这也是人之常情。

一个善于说话的人，做事时一定会避其锋芒，即使觉得某人干得不好，也不会直言相对。有些忠直的人，虽实话实说，实则太过鲁莽，锋芒毕露。在特定的场合显示一下自己的锋芒，有时，是很有必要的，但是如果太过，不仅会刺伤别人，也会损伤自己。

要想理解真话不被肯定的现象，换一个角度就会看到，个体行为的一个基本规律是趋利而避害。可以想象一下，如果有的人对人总是以诚相待，直言不讳，人们一定会认定他是一个值得信赖的好人，乐于与他深交，并在人前人后夸赞他，这样他自己也会感到自豪。也就是说，用真诚赢得了报偿，带来了利处，何乐而不为啊！

如果情况与此大相径庭，比如某人认为同事的衣服难看，便马上对她说："腿短而粗的人不适合穿这种裙子。"结果，同事必定会脸一沉，然后扭头便走。实话固然是实话，但时间长了别人就会对他产生质疑，认为他惯于在人前打击别人，抬高自己，这样就不是什么明智之举。

并不是所有的话题，在任何时间，任何地点，都适合拿来公开谈论，直言不讳。要塑造成功的人生，就须懂得掌握说话，做事的分寸。说话时的动作，表情，举手投足都要有分寸，过于直言会让人产生厌烦的感觉，会对日后的人际交往产生很大的阻碍。

品悟人生

说话尺度是分寸感中最难掌握的，有些人不懂得说话时掌握分寸，因此常常得罪人，不利于人际交往。

带着厚道评论人

在实际生活中，有的人常常犯这样的毛病：在评论别人的时候，总是站在自己的立场看问题，从来不愿意换位思考，总想找出别人的毛病。找出别人的毛病之后，又极力夸大这个毛病，把小毛病说成大毛病，把大毛病说成一无是处，这就是不厚道的表现。

在评论别人的时候，我们应该要厚道，别总是把别人的坏处夸大，没有看到别人好的地方。如果你这样做了，那么你的毛病其实比别人的还要大。

当然，人无完人，每个人都有自己的缺点，或多或少有些这样或那样的不足，但是，我们应该一分为二地看问题，应该实事求是地看问题。我们既要看到别人身上的错误和缺点，也要看到别人身上的优点，这样才能正确客观地评价一个人。这种做法有利于建立良好的人际关系。

乾隆皇帝在用人方面很有才能，这和他能够对下属进行客观公正的评价有关。

乾隆二年，宗室德沛任湖广总督后，遵照乾隆皇帝的旨意暗中调查总督史贻直，结果发现他在任内有接受盐商贿赂的嫌疑，于是便向皇帝请示可否公开查处。史贻直当时已经内调回京任工部尚书，此人熟悉政事，有办事能力，因此乾隆指示德沛“史贻直身为大臣，朕不忍扬其劣，当别有以处之”。

乾隆三年，管理苏州织造的郎中海保遵旨秘查苏州巡抚许容，并向乾隆皇帝报告说：“苏州巡抚许容，从前历任，具有刻薄之名，观其到任以来，操守廉洁精细明白，实心任声，声名亦好。”乾隆批到：“此奏至公之论也。”

乾隆四年，湖广总督班第遵旨调查湖北巡抚崔纪。班第经过察访得知，崔纪这个人并没有劣迹，只是性情乖僻，做事偏激。乾隆认为班第的调查是“俱秉公议”，给予充分肯定。后来发现崔纪曾挪用公款给亲属使用，又听任百姓买食私盐等事，遂将其撤职查办降级使用。

乾隆十一年，湖北巡抚开泰报告说，他遵旨密查湖广总督鄂弥达，知其虽然年老体衰，还能正常办理公务，听说他的家人有接受贿赂之事，数量不多，鄂弥达好像不知道。乾隆为此告诫开泰：“不仅仅是这样！鄂弥达察访湖南省的时候，曾经让他的儿子去拜见当地的官员，期间也有收取贿赂的时候，如此检验兵士就全然不去仔细查看，我已经下旨责备他了。只是他的这一过错还算小，我从来对官员不求全责备，但是如果知错不改，继续欺骗我而且胆子越来越大的话，那就不能宽恕了。”乾隆让开泰继续监视调查鄂弥达。

大臣有了过错，乾隆并不是一味地贬斥他们，而是充分肯定其优点，当他们的过错还不至于影响工作的时候，就大度地睁一只眼闭一只眼了，只有当臣子的行为涉及原则性问题的时候，才公事公办，这充分显示了乾隆作为一代帝王的气度，也是他拥有过人智慧的表现。

如果我们在日常生活中能够做到“论人须带三分浑厚”，胸怀放宽广一些，尽量包容别人的缺点和错误，多想别人的优点，这样一来，人与人之间的关系会越来越和谐。

品悟人生

我们既要看到别人身上的错误和缺点，也要看到别人身上的优点，这样才能正确客观地评价一个人。这种做法才会有利于建立良好的人际关系。

央求不如婉求

有时候，开口就把所求之事告诉对方，一旦被对方回绝，便没有了回旋的余地。不妨尝试着用“顺便提起”的说话技巧，好像不经意间说出来，让对方不知不觉中答应下来。

美国《纽约日报》总编辑雷特身边缺少一位精明干练的助理，于是将目光瞄准了年轻的约翰·海。而当时约翰刚从西班牙首都马德里卸除外交官一职，正准备回到家乡伊利诺伊州从事律师职业。

雷特请他到联盟俱乐部吃饭。饭后，他提议请约翰·海到报社去玩玩。从许多电讯中间，他找到了一条重要消息。那时恰巧国外新闻的编辑不在，于是他对约翰说：“请坐下来，为明天的报纸写一段关于这消息的社论吧。”约翰自然无法拒绝，于是提起笔来就做。社论写得很棒，于是雷特请他再帮忙顶一个星期、一个月，渐渐地干脆让他担任这一职务。约翰就这样在不知不觉中就放弃了回家乡做律师的计划，而留在纽约做新闻记者了。

由此可以得出求人办事儿的规律：央求不如婉求，劝导不如诱导。

在运用这一策略的时候，要注意的是：诱导别人参与自己事业的时候，应当首先引起别人的兴趣。

当你要诱导别人去做一些很容易的事情时，先得给他一点小胜利。当你要诱导别人做一件重大的事情时，你最好给他一个强烈刺激，使他对做这件事有一个要求成功的渴望。在此情形下，他的自尊心被激起来了，他已经被一种渴望成功的意识刺激着了，于是，他就会很高兴地为了愉快的经验再尝试一下。

总之，要引起别人对你的计划热心参与，必须先诱导他们尝试一下，可能的话，不妨使他们先从做一点容易的事儿和人入手，这些容易成功的事情，在他们看来，往往是一种令人兴奋的真正成功。

品悟人生

开口就把所求之事告诉对方，一旦被对方回绝，便没有了回旋的余地，不妨尝试着用“顺便提起”的说话技巧，好像不经意间说出来，让对方不知不觉中答应下来。

好话不在人前说

喜欢听好话似乎是人的一种天性。当来自他人的赞美使其自尊心、荣誉感得到满足时，人们便会情不自禁地感到愉悦和鼓舞，并对说话者产生亲切感，这时彼此之间的心理距离就会因赞美而缩短、靠近，自然就为交际的成功创造了必要的条件。

在背后说一个人的好话比当面恭维说好话要好得多，你不用担心，你在背后说他的好话，很容易会传到他的耳朵里。

对一个人说别人的好话时，当面说和背后说是不同的，效果也不会一样。你当面说，人家会以为你不过是奉承他、讨好他。

当你的好话在背后说时，人家认为你是出于真诚的，是真心说他的好话，人家才会领你的情，并感激你。假如你当着上司和同事的面说你上司的好话，你的同事们会说你是讨好上司，拍上司的马屁，而容易招致周围同事的轻蔑。另外，这种正面的“歌功颂德”，所产生的效果反而很小，甚至有产生反效果的危险。你的上司脸上可能也挂不住，会说你不真诚。与其如此，倒不如在公司其他部门、上司不在场时，说一说，这些好话终有一天会传到上司的耳中的。

有一个员工，在与同事们午休闲谈时，顺便说了上司的几句好话：“老板这个人很不错，办事公正，对我的帮助尤其大，能为这样的人做事，真是一种幸运。”没想到这几句话很快就传到老板的耳朵里去了，这免不了让老板的心也有些欣慰和感激。而同时，这个员工的形象也提升了。连那些传播者在传达时，也顺带对这个员工夸赞了一番：这个人心胸开阔、人格高尚，真不错。

在背后说别人的好话，会被人认为是发自内心，不带私人的动机的。其好处除了能给更多的人以榜样的激励作用外，还能使被说者在听到别人传播过来的好话后，更感到这种赞扬的真实和诚意，从而在荣誉感上得到满足的同时，增强了上进心和对说好话者的信任感。

如《红楼梦》中有这么一段：

史湘云、薛宝钗劝贾宝玉做官为宦，贾宝玉大为反感，对着史湘云和袭人赞美林黛玉说：“林姑娘从来没有说过这些混账话！要是她说这些混账话，我早和她分了。”

凑巧这时黛玉来到窗外，无意中听见贾宝玉说自己的好话，“不觉又惊又喜，又悲又叹”。结果宝、黛两人互诉肺腑，感情大增。

因为在林黛玉看来，宝玉在湘云、宝钗、自己三人中只赞美自己，而且不知道自己会听到，这种好话不但是难得的，还是无意的。倘若宝玉当着黛玉的面说这番话，好猜疑、小性子的林黛玉恐怕还会说宝玉打趣她或想讨好她呢？

品悟人生

当你的好话在背后说时，人家认为你是出于真诚的，是真心说他的好话，人家才会领你的情，并感激你。

议论别人先想想自己

李叔同说："想要议论别人的时候先想想自己做得怎么样，想要了解别人先要了解自己。有些人很喜欢把别人的事情当做谈论的话题，对别人说三道四，指手画脚，却从来不想想自己做得怎么样。"李叔同提醒这些人，自己做得好尚且不应该议论别人，更何况很多时候自己做得还不如别人呢！

春秋时期，子产对申徒嘉的身体残疾横加指责，却没有意识到自己这样做的同时也恰恰暴露了自己德行的浅薄。

申徒嘉是个被砍掉了一只脚的人，有一天他跟子产一同去拜伯昏无人为师。第一天的时候，子产对申徒嘉说："我先出去那么你就留下，你先出去那么我就留下。"第二天，子产和申徒嘉同在一个屋子里的一条席子上坐着。子产又对申徒嘉说："我先出去那么你就留下，你先出去那么我就留下。现在我将出去，你是留下呢，还是不留下呢？你见了我这执掌政务的大官却不知道回避，你把自己看得跟我执政的大臣一样吗？"

申徒嘉说："伯昏无人先生的门下，都是他的弟子，哪里有什么执政大臣呢？你津津乐道自己的执政大臣的地位，把别人都不放在眼里吗？我听说这样的话：'镜子明亮，尘垢就不会停留在上面；尘垢落在上面，镜子也就不会明亮。长久地跟贤人相处便会没有过错。'你拜师从学追求广博精深的见识，正是先生所倡导的大道。而你竟然说出这样的话来，不是完全错了吗？"

听完申徒嘉的话，子产冷笑了一下，讥讽他说：“你已经如此形残体缺，你估量你自己的德行，受过断足之刑还却还想着要跟唐尧争比善心，不足以使你有所反省吗？”

申徒嘉回答道：“自个儿陈述或辩解自己的过错，认为自己不应当形残体缺的人很多；不陈述或辩解自己的过错，认为自己不应当形整体全的人很少。懂得事物之无可奈何，安于自己的境遇并视为是命运安排的，只有有德的人才能做到这一点。一个人来到世上，就像来到善射的后羿张弓搭箭的射程之内，中央的地方也就是最容易中靶的地方，然而却没有射中，这就是命。用完整的双脚笑话我残缺不全的人很多，我常常脸色陡变怒气填胸，可是只要来到伯昏无人先生的寓所，我便怒气消失回到正常的神态。真不知道先生用什么善道来洗刷我的呢？我跟随先生十九年了，可是先生从不曾感到我是个断了脚的人。如今你跟我同时在伯昏无人先生的门下，整天听闻先生要以德相交的教诲，而你却一直在拿外在的形体来指责我，这不又完全错了吗？”

听完这话，子产的脸“刷”地就红了，惭愧得低下了头，他不好意思地对申徒嘉说：“你不要再说下去了！我知道自己的错误了！”

很多人就是这样，往往在议论别人方面很有本事，却从来不低下头来看看自己究竟做得怎么样。反之，有些人却从不把眼光盯在别人身上，而是时时刻刻反思自己，并通过反思来弥补自己的不足，取得进步。在这方面，唐太宗就是一个很好的榜样。

唐太宗说过：“身为国君必须先以人民的生活安定为念。压榨人民而自己却过着奢侈浪费的生活，无疑是割取自己腿上的肉吃一样，虽然吃饱了但是身体也糟蹋了。倘若希望天下安泰，首先必须端正自己的姿态。迄今为止，尚未听说直立的身体却映出弯曲的影子，也没听说过端正的君主治理下的政治，百姓会胡作非为。”他以这种态度来处理政事，率先努力端正自己的行为，虽然已经十分努力了，但他仍然怀疑自己是不是做得不够彻底。有一次，他向魏征表示这种不安：“我一直努力端正自己的行为，但是不管怎么努力，也比不上古代的圣人，因此不得不担心自己是否会受到世人嘲笑。”

别人怎么样不是最重要的，你自己怎么样才是最重要的。只有把心思都放在反思自身的缺点和不足上，并且努力想办法提高自己才是当务之急。

品悟人生

当你想对别人发表一番议论的时候，还是先把嘴巴闭上，好好看看自己吧。

第七章

八面玲珑，善处世者左右逢源

俗话说：“取象于钱，外圆内方。”圆是为了减少阻力，方是立世之本。做人就要实际一点，为了适应社会的发展需要，就要像古代铜钱一样：“边缘”要圆，要懂得随机而变；对周围的环境、人物，假如有看不惯处，不必棱角太露。

用一句话概括，那就是——处事不必与俗同，亦不宜与俗异，做事不必令人喜，亦不可令人憎。

外圆内方穿行职场

人无论处在何种地方都喜欢听赞扬之辞，渴望得到社会的承认，别人的认可。会为人处事者，自然会避其锋芒，把自己的意思，通过委婉的方式表达出来。

同事之间，当公当私都不会有太大的原则性冲突，有争议也可用商量的方式去解决，完全没有必要争个脸红脖子粗。一个人如果过分方方正正、有棱有角，必将碰得头破血流；但要是八面玲珑，圆滑透顶，总是想着让别人吃亏，自己占便宜，也必将众叛亲离。外圆内方并不是要你违背人格去圆滑地做人，而是要你在坚持原则的前提下讲究说话的艺术和方式，这样既可以表明自己的见解，达到自己的目的，又不会伤害别人，让别人憎恨你。可谓一举两得。

凯瑟琳是一家纺纱厂的工业工程督导，她才华横溢、雷厉风行，深得上司器重，只是由于过于自信且脾气暴躁，经常与同事、下属发生争吵。吵过之后她忘了，别人却心里始终很不痛快，私下里送了她一个绰号“怒吼的母狮子”，令凯瑟琳很委屈，也很苦恼。

于是她开始学着控制自己的脾气，不再轻易与同事争吵，哪怕明知自己是正确的。

她说：“我的职责的一部分，你知道，是设计及保持各种激励员工的办法和标准，以使作业员能够生产出更多的纱线，而她们也能赚到更多的钱。最近我们正扩大产品项目和生产能量，这样原来的办法便不能以作业员的工作量而给予她们合理的报酬，因此也就不能激励她们增加生产量。我设计出了一个新的办法，使我们能够根据每一个作业员在任何一段时间里所生产出来的纱线的等级，给予她们适当的报酬。设计出这套新办法之后，我决心要向厂里的高级职员证明我的办法是正确的。我详细地说明他们过去用的办法是错误的，并指出他们不能给予作业员公平待遇的地方，以及我为他们所准备的解决办法。

但是，我完全失败了。我太忙于为我的新办法辩护，而没有留下余地，让他们能够不失面子地承认老办法上的错误，于是我的建议也就胎死腹中。"

"经过一番痛定思痛后，我深深地了解了我所犯的错误。我请求召开了一次会议，而在这一次会议之中，我请他们说最好的解决办法。在适当的时候，我以低调的建议引导他们按照我的意思把办法提出来。等到会议终止的时候，实际上也就等于是我把我的办法提出来，而他们也热烈地接受这个办法。"

"我现在深信，如果你直率地指出一个人不对，不但得不到好的效果，而且会造成很大损害。你指责别人无异于剥夺了别人的自尊，并且使自己成了一个不受欢迎的人。"

凯瑟琳新规则获得通过的过程便是她处世由方转圆的过程。在这个过程中，她并没有改变她的原则，相反地，她只是在表达上进行了相应调整，便获得了大家的认同。对于办公室人员来说，获得好的人气，需要掌握一些与人相处的技巧。

品悟人生

外圆内方并不是要你违背人格去圆滑地做人，而是要你在坚持原则的前提下讲究说话的艺术和方式，这样既可以表明自己的见解，达到自己的目的，又不会伤害别人，让别人憎恨你。可谓一举两得。

放弃固执，适时变通

人的思维是跳跃的，不是一成不变的。因此办事时适时的变通是一种很明智的做法，放弃毫无意义的固执，这样才能更好地办成事情。虽然坚持是一种良好的品性，是值得称赞的事情，但在有些事情上，过度的坚持，就会变成一种盲目，那将会导致最大的浪费。

考虑事情要全面，不要抓住一点不放，除非你想和自己“较劲”。一朝君主一朝臣，做人要学会变通，不能把事做得太绝。人要像一个善于棋道的棋手一样，当你走出第一步棋之后，还要想到第二步、第三步如何走。

商鞅在秦国实行变法之初，为了能取得百姓的信任与支持，便在国都咸阳的南门立了一根三丈长的木杆，声明说，谁能将这根木头搬到北门去，便赏他十金，老百姓都觉得很奇怪，谁也没有干。商鞅又宣布：“能搬到北门去的，赏五十金。”重赏之下必有勇夫，有一中年汉子抱着试试看的心情给搬了过去，商鞅立即给了他五十金，以此表明他说话是算数的。接着便颁布了他变法的命令。

变法颁布了一年多，反对者数以千计，连太子也不以为然，一再犯法。商鞅说：“变法的法令之所以不能贯彻执行，是由于上层有人故意反抗。”于是他便想拿太子开刀，刑之以法。可是太子是国君的接班人，是不能施刑的，结果便拿太子的老师公子度和公孙贾当替罪羊，一个被割掉了鼻子，一个在脸上刺了字。当时商鞅深得秦孝公的宠信，权势极盛，太子拿他也无可奈何。

商鞅的变法取得了巨大的成功，经过十几年的时间，秦国的国力得到极大的充实，武力得到极大的增强，由一个西部的边鄙小国一跃而成为七雄之首，秦国最后之所以能够统一中国，便是得益于商鞅奠定的基础。

然而，正当商鞅的权势如日中天之时，秦孝公死了，太子继位，为秦惠文王，他一上台，他的老师——那个被割掉了鼻子的公子虚便出面告发，说商鞅想要谋反，惠文王下了逮捕令，商鞅匆匆忙忙逃离咸阳，当他来到潼关附近想要投宿，旅店的主人也不知道他就是商鞅，拒绝收留他，说道："根据商君的法令，留宿没有证件的客人是要进监狱的！"

商鞅他走投无路，被收捕，车裂（即五马分尸）于咸阳街头，家人也被灭族。

常言道，人无远虑，必有近忧。考虑事情要周全、有远见。秦国的商鞅，作为一个改革家，在政治上是极具远见的，他的变法政策，为秦孝公以后几代秦国的国君所信守，秦国因之而强大。但他善于谋国却拙于做人，他没有想到，宠信他的秦孝公不可能陪他一辈子，未来的天下毕竟还是太子的。

一个人的成功离不开他人的协助，想在社会上立于不败之地，就要广交朋友，引以为援，但若只顾眼前利益，不及其余，他日靠山一倒，恐众人攻击，使自己身陷险境。

品悟人生

做人其实是一个平衡的艺术，不可恃才傲物，目中无人。既要左顾右盼，照顾到方方面面的利益，又要瞻前顾后，考虑到事情的前因后果。不要只是直线思考，更不能一条道走到黑。

揣摩他人的秉性，灵活与之相处

每个人的脾气性格各有不同，有些人虽然表面看起来死板傲慢，但只要你摸透了他们的秉性区别对待，以后的交往便会顺利得多。

俗话说："人上一百，形形色色。"在人际交往中总会遇到各种各样怪脾气的人，如何摸透每个人的秉性，采取恰当的方式与其相交相处，是一门高深的学问。因此了解与掌握不同习性的人交际的技巧是非常重要的。

1. 与“死板”的人相处之道

“死板”的人往往是我行我素，对人冷若冰霜。尽管你客客气气地与他寒暄、打招呼，他也总是爱理不理，不会做出你所期待的反应。其实，尽管“死板”的人一般说来兴趣和爱好比较少，也不太爱和别人沟通，但他们还是有自己追求和关心的事。所以，你在与这类人打交道时，不仅不能冷淡，反而应该花些功夫仔细观察，注意他们的一举一动，从他们的言行中寻找出他们真正感兴趣的事来。一旦触及到他们所热心的话题，对方很可能马上会一扫往常那种“死板”的表情，而换之表现出相当大的热情。

2. 与傲慢无礼的人相处之道

傲慢无礼的人往往自视清高、目中无人，表现出一副“唯我独尊”的样子。与他们打交道，实在是一件令人无法忍受的事情。可是，为了你自身利益的需要又不得不与这种人接触，你该怎么办呢？

最适合的方法有三种：

首先，尽可能地减少与其交往的时间。在能够充分表达自己的意见和态度，或某些要求的情况下，尽量减少他能够表现自己傲慢无礼的机会。这样，对方往往也会由于缺乏这样的机会而不得不认真思考你所提出的问题。

其次，说话要语言简洁明了。尽可能用最少的话清楚地表达你的要求与问题。这样，让对方感到你是一个很干脆的人，是一个很少有讨价还价余地的人，因而约束自己的架子。

最后，你还可以邀请这种人去跳舞，聊聊家常，去 KTV 唱歌等等。而当对方一旦在你面前表现出其生活的本色之后，在以后的交往中，他往往不会再对你傲慢无礼了。

3. 与少言寡语的人相处之道

通常人们会把少言寡语的人称为“闷葫芦”，和这种人在一起，总会感到沉闷和压力。特别是对于一些性格比较外向、活跃的人，更是觉得难受。因而在这种情况下，有些人为了活跃气氛，便故意找些话题来说，其实这是没有必要的。因为，对于沉默寡言的人来说，之所以这样，可能是他们有某种心事而不愿多言。在这种情况下，你应该尊重对方，不要去破坏对方的心境，让其保持一种内心选择的生存方式；相反，你如果故意地没话找话，并拼命地想方设法与对方交谈，只会适得其反，引起对方的反感。

4. 与自私自利的人相处之道

自私自利的人尽管心目中只有自己，特别注重个人利益的得失，但是，他们也往往会因利而忘我地工作。你对他们不必有太高的期望，也没有必要期望他们能够像朋友那样以情为重。与这类人的交往关系可以仅仅是一种交换关系，按付出给回报，干得好坏不同，获得的利益也会不一样。

5. 与争强好胜的人相处之道

争强好胜的人往往狂妄自大，自我炫耀，自我表现的欲望非常强烈。他们总是力求证明自己比别人强，比别人正确。当遇到竞争对手时，他们总是想方设法地挤对人，不择手段地打击人，力求在各方面占上风。对这样的人，你不能一味地迁就，而应在适当的时候，以适当的方式打击一下他的傲气，使他知道人外有人，天外有天。

6. 与狂妄自大的人相处之道

狂妄自大的人实际上并没有多少学问，往往是自吹自擂，夸夸其谈，他们所表现的高傲、不屑一顾等神态，实际上是一种心灵空虚的补充剂，以维持其虚荣心。与这些人相处的方式实际上很简单，刚开始与他们交往似乎觉得他们视野开阔，天南地北，无所不晓，好一副居高临下的样子，但只要就某一问题深入地与之探讨，他们便会露出马脚。一旦露了马脚，他们的威风也就自然扫地。另外，与这类人初次相处，可以用你的常识将之“震”住，如果做到了这一点，往后的交往便会顺利了。

品悟人生

我们所处的社会是个大舞台，每个人所扮演的角色都各不相同，复杂而又多变。你只有善于与不同性格的人交往，才能在人际关系中如鱼得水，在社会中占有一席之地。

不要忽视“小人物”

一般人都认为，在公司里只要尽心尽力，取得业务实绩，赢得上司的赏识和老总的欢心，加薪提升就指日可待了。而对于那些一般行政人员，则没有必要给予应有的尊重和礼貌，于是指手画脚，颐指气使，拍桌瞪眼，甚至把一些微不足道的“小人物”当成“出气筒”“受气包”，这些其实都是非常严重的交际误区。

事实上，有些人的职位虽然不高，权力也不怎么大，跟你也没有什么直接的关系，但是，他们所处的地位都非常重要，他们的影响无处不在。他们的资历比你高，风浪经历比你多，要在你身上找点毛病、失误，实在是易如反掌。

人是最复杂的动物，你应该尽力去了解你周围潜藏着哪些人物，他们各有哪些才能、特长，有什么样的家庭背景、社会关系，他们的同学、朋友都是一些什么人，他们的同学、朋友又有一些什么样的家庭背景和社会关系。不要忽视“小人物”，在他们身上不经意地投入，有可能带来意想不到的连锁反应。

《战国策》记载了这样的一个故事：中山国君宴请都城里的军士，有个大夫司马子期在座，只有他未分得羊羹。司马子期一怒之下跑到楚国，劝说楚王攻打中山国。中山君被迫逃走，他发现，逃亡时有两个人拿着戈跟在他后面，寸步不离地保护他。中山君回头问这两个人说：“你们是干什么的？”两人回答说：“我们的父亲有一次快要饿死了，你把一碗饭给他吃，救活了他，我们的父亲临终时嘱咐我们，‘中山君如果有难，你们一定要尽死力报效他。’所以我们决心以死来保护你。”中山君感慨地仰天而叹：“给予，不在于多少，而在于正当别人困难时；怨恨，不在于深浅，而在于恰恰损害了别人的心。我因为一杯羊羹而逃亡国外，也因一碗饭而得到两个愿意为自己效力的勇士。”

《三国演义》里的曹操更是因为对待“小人物”态度的不同而影响大业。在官渡之战兵处劣势时，曹操听说袁绍的谋士许攸来访竟顾不得穿衣服，赤着脚出来迎接，对许攸十分尊重。许攸感其诚，遂为曹操出谋划策，帮了他的大忙。礼贤下士的曹操借助这个“小人物”的力量成就了许多大事。

然而曹操也吃过忽略“小人物”的亏，当他正一帆风顺时，西川的张松前来献地图，他态度傲慢，以至于给张松留下了“轻贤慢士”的坏印象，于是张松改变了主意，把本来要献给曹操的西川地图，转而献给了刘备。这对曹操来说不能不是事业上的一大损失。可以想象，曹操对张松如果像当年对许攸那样尊重，西蜀的地盘说不定早就成了曹操的了。

不经意间，“小人物”也可能扮演着“大角色”。也许这些人有很不一般的家庭关系，其中就有人可以直接参与对你的提拔任免，你的行为正处于人家的监控之中，“授人以柄”岂不因小失大？或许当你消息闭塞时，会有一个你意想不到的朋友给你送来一则起死回生的消息，帮你力挽狂澜；当你仕途低迷时，会有人扶你一把；或者在你的单位进行民主评议的时候，你这个群众关系好的人所得的票数会比别人多。

世界是不断变化的，没有一成不变的事情。不要给自己树立了未来的敌人，使你后悔莫及。多一个朋友总比多一个敌人强，小人物的人际交往仍旧不能忽视。

品悟人生

不要忽视“小人物”，在他们身上不经意地投入，有可能带来意想不到的连锁反应。

一定要重视“边缘人”

众所周知，托人办事儿，最好针对“关键人物”下工夫，突破“关键人物”这道关卡，谋求“关键人物”的赞同和协助，问题往往很容易得到解决。但是有的事儿，“关键人物”不好找，这时你就不妨去找“关键人物”周围的那些“边缘人物”，比如，“关键人物”的亲信、上司、爱人、父母或子女等，尽力争取到他们的同情、支持和帮助，或许就能顺利地打开办事的突破口。

何莹是一家公司的女总经理，她不仅很敬业，也很有创新意识，公司的很多改革都是经她一手策划并实施的。

然而，不久前，何莹却接到了让她前往分公司任经理的命令。当然，这并不是何莹愿意的，她本想辞掉这份工作，另谋出路。但是，她还想做一点努力，毕竟她在这个公司待了多年，对之有着割舍不下的感情。于是，她找到了董事长的助理，请她代为说好话。

何莹不愧是个聪明的女人！这样的方法果然奏效。董事长助理是与董事长联系最多、也是最熟识的人，所以说出的话很有分量。她说：“总经理真的要调走吗？我觉得她的工作能力非常强，公司的很多改革都是她来搞的，如果让她走的话，一是影响员工的情绪，其次，也会影响公司的业绩，您不这样认为吗？”

这番话说得极有道理，董事长在慎重地考虑后，收回了命令，而且还给何莹加了薪水。

有时候，即使是上级上司同意解决的问题，也会由于下属某一环节“作梗”而搁置下来。负责这一环节的人不论职位大小，也就变成了解决问题所必须疏通的“关键人物”。因此，人要想在解决问题过程中稳操胜券，除了着眼于上司一类的负责人外，还可以选择他（她）的下属，尤其是那些可称是上司的“亲信”“红人”的下属作为突破口，或许因曲径通幽，反而别有洞天，办事效果可能更好。

有一位女工不幸被排在了下岗名单中。想到家中的种种困难，她有心找上司通融一下，但走到上司办公室门口的时候，她听到众多可能下岗的工人在里面吵嚷，有的非常激动，有的哀怨地诉苦。她想了想后，退了出来。

周末的时候，这位女工辗转找到了上司的爱人，陈述了自己的困难，并流着泪说出了自己的请求。上司的爱人看这位女工非常可怜，于是便在丈夫面前为她求情。上司想到这位女工平时的努力，想到她家里的困难，再加上这段时间只有这位女工没有因为下岗而找他吵闹，于是便将她在下岗名单里除掉了。

就这样，这位女工利用“枕边风”保住了这份对自己很重要的工作。

中国有尊老爱幼的传统，对父母的尊重和对子女的疼爱更是人之常情。所以，人们往往很重视父母和子女们说的事，有时即便是一些不甚好办的事，也不好推托和拒绝。有鉴于此，如果与某位“关键人物”关系较远或因某种原因见不到他（她），就不妨试着去试他（她）的父母或子女，设法让他们从中帮忙，一桩看似希望渺茫的事，反倒迎刃而解。

第二次世界大战时，利维在美国创办了一家影片进出口公司。在公司里有一名叫弗兰克的闭录电话专家因刚刚和妻子离了婚，所以脾气变得很暴躁，动辄就和别人争吵，连利维也不例外。

一天，为了一个实验问题，弗兰克和一名助手争执不下。他大动肝火，又拍桌子又扔东西，利维过去劝阻也被弗兰克大骂了一顿。

正在他们闹得不可开交时，一个小女孩走进了实验室——她是弗兰克的小女儿安妮，现住在外婆家。安妮一看见她爸爸那副怒发冲冠的样子，吓得哭了起来。

弗兰克见状再也顾不上同别人吵架，赶快跑过去，赔着笑脸哄逗她。

看到这一情景，利维心里猛地一亮，发现弗兰克虽然看谁都不顺眼，但对留在他身边的小女儿却是百依百顺，视为掌上明珠，不难看出这小女儿是他的主要精神寄托。

为了使弗兰克有充实的精神生活，利维立刻在公司附近为他租了一幢非常漂亮的房子，好让他经常和女儿生活在一起。

本来，利维手头的资金十分紧张，在这种情况下，还为弗兰克租房，弗兰克心里很是过意不去。因此，尽管利维再三动员他搬进新居，但他就是坚持不搬。

利维说："搬不搬家，恐怕由不得你了。"

"什么？"弗兰克提高了嗓门，"我自己不愿搬，你还敢强迫我不成？"

"我当然不敢逼你，不过，你的千金安妮已替你作主了。"利维继续说，"她说你心境不好，容易发脾气，这会伤身体的。如果她能住在附近照顾你，你就不会发脾气了。起初，我也拿不定主意，可是小安妮最后还说：'我爸爸多可怜呀，我不能让他再忍受孤独了。'"

听完了这番话，弗兰克的眼里充满了泪水，他最终顺从了利维的安排，搬进了新居。

利维为弗兰克租房，虽然破费了不少金钱，可却使弗兰克感恩戴德，甘为利维所利用。

在人际交往中，"盯死"主要目标，全力以赴，固然很重要，但是对于目标周围的那些"边缘人物"也要多多花费心思，有时甚至能起到意想不到的作用。他们就像一条条"地道"，可以顺利地把你送到成功的彼岸。

品悟人生

在人际交往中，"盯死"主要目标，全力以赴，这固然很重要，但是对于目标周围的那些"边缘人物"也要多多花费心思，有时甚至能起到意想不到的作用。

不要临时抱佛脚

有些人平时待人不冷不热，有事了才想起去求别人，显得分外热情，但办事的效果却常常不理想。俗话说："平时不烧香，临时抱佛脚。”所以我们“求神”，自应在平时“烧香”。而平时“烧香”，也表明自己别无所求，完全出于敬意，而绝不是买卖；一旦有事，你去求人，人念在平日你的“烧香”热忱，也不致拒绝。

李平和王林是某学院学工处的职员，他们与财经系的系主任郭某关系处得非常好，两个人经常去郭的家小聚。不久，据小道消息说，财金系系主任很可能年内就会调任学工处处长一职，这样看，两个人将来的日子会比较好过了。为了获得升职，王林向郭某靠的更近了。然而世事难料，年底人员调整时郭某却被调去当图书馆馆长了。

王林看到郭某却被调去当图书馆馆长了，就很少和郭某走动了。许多原本巴结郭某的人立刻散得一干二净，让郭某见识到了什么叫人走茶凉。

就在这时，李平拿着瓶好酒上门来了，“郭主任，让嫂子做点菜，咱们喝一顿吧!”这正是郭某最难过的时候，李平的出现感动得郭某真不知道说什么好。

从那以后李平照样逢年过节看郭某，有事没事过去聊聊天，喝点酒。

一年半后，该学院的院长调走了，新来的院长把郭某提拔为主管人事的副院长，不用说李平自然也跟着时来运转，他成了新一任的学工处长。

王林看到郭某成为主管人事的副院长，本想和郭某再续友情，但怎么也不好意思再和郭某叙旧了。

所以，为人不能势利眼，“咸鱼”也有翻身的时候。不要忘记给“冷庙敬香”，常常如此做的人，会让你获得与众不同的人脉关系。

有一位建筑承包商，其学历水平都不高，但能够长期承包那些建筑公司的工程，而且这两年越做越大，马上就要有自己的建筑公司了。细究他的做事原则，就会发现他常常“拜冷庙，烧冷灶”。这位承包商的交际方式与一般人的交际方式不同之处是：不仅搞好与各建筑公司上司的关系，就是对那些年轻的职员也热情相待，以培养出感情。

这位承包商认为，人是要发展的，以后不知道谁会成为该公司的上司。所以，不管人有多年轻，都热情相待，不管有事无事，有时间就尽力结交，他们之间的关系自然比那些临时拜访的人要亲近得多。事实表明，这样的人当中，有很多都给他带来了意想不到的收益。因为这些人成为建筑公司的上司之后，如果需要合作，首先想到的就是他。

常言道："人情冷暖、世态炎凉。"趁自己有能力时，多结交些潦倒英雄，不起眼的小人物这样的发展才会无穷。一个人可以有多种投资，为事业，可以投资办企业；为投机，则可以买股票；对人情，则应多结交朋友。"拜冷庙"也反映出一个人的德行。对朋友的投资，最忌讳的是讲近利，因为这样就成了一种买卖，说难听点就是一种贿赂，让自己不舒服，也让别人不舒服。交朋友要广，眼睛不能只盯着炙手可热的权势人物，"冷庙"也得多烧香，这样才会有四通八达的人脉。

品悟人生

求人交友要有长远眼光，尽量少做临时抱佛脚的买卖，而要注意有目标的长期感情投资，向"冷庙"常上香。

平等待人，一视同仁

由于个人差异，每个人在社会中的地位同样存在着差异，很多人喜欢把人分成三六九等，不同层次的人给予不同的态度。这样的差异就使一些人的内心的天平失去了平衡——在自认为毫无利用价值、地位低下的人面前，他们显得高人一头，对人总是不屑一顾，甚至有些人对他们还略带鄙视。这种做法不仅让你落个"势利眼"的坏名声，更让周围的同事或朋友看不起。老子说："圣人抱一为天下式"，告诫我们对待一切人事物，都应采取平等之心，不存区别之心。

陈凯在一家汽车公司做销售，刚开始，因为摸不清楚客户的心理，他的业绩非常不好，业绩和工资是挂钩的，而且公司规定如果两个月内一台车都销售不出去就离开，最初几个月他勉强卖出去的为数不多的车只能维持基本生活。

经过一年多的努力，他渐渐了解什么样的顾客会买什么类型的车，男女顾客的喜好和特点，慢慢的业绩不断提高，薪水也随之不断增加。

这天，公司来了个刚毕业的大学生小李，刚从学校进入社会，没有一点销售经验。另外，小李衣着简朴，不善言谈，同事一看就不是做销售的材料。看到小李这副样子，同事们都对其避而远之。

陈凯看到他就像看到当初自己的处境一样，非常关心小李，而且还传授一些经验给他。

可是卖车毕竟不是卖小商品，不是随便就能够卖出去的，眼看两个月就要过去了，陈凯知道，小李要是还没有收获，这就意味着会失业。

到了月结那天，陈凯悄悄地对小李说："我最近签了一个单，先记到你名下吧，过了这道关，以后好好努力，我相信你一定能行。"

小李起初不愿意，可面对陈凯的热情相助，就对陈凯说："那好吧，单子签我的名，等到发业绩奖金，钱一定要给你"。

陈凯笑着说："不着急，等你下个月签了单，再给我也是一样的。"

小张看到陈凯这样做，就劝陈凯："小李一点灵性都没有，根本不适合做销售的工作，你总不能老帮他。看看新来的小吴，人很精明，扶植扶植他，他将来肯定会成为销售骨干。"

"新人，都应该包容和鼓励。"陈凯淡淡地说。

就这样，陈凯帮小李渡过了难关。

这样过了一段时间，公司老板找到陈凯，走进经理办公室，他发现小李也在那里。经过介绍，他才知道原来小李是老板的侄儿，是学管理的，研究生毕业后老板希望侄儿到他的公司帮忙，并希望他从基层做起，先熟悉行业，并以普通员工的立场融入这个环境，了解业务流程，和客户直接接触，还要隐瞒自己的身份，以免会受到特殊照顾。正好，公司要提拔一名老员工，鉴于陈凯优秀的业绩，而且能主动帮助同事，让同事能更好地熟悉业务，小李就向叔叔推荐了陈凯。

老板还说："公司就是需要这样的员工，不仅业务出色，品德也非常优秀，这样才能进一步拓展公司的业务，也才能造就一个健康的、积极的、互助的工作环境。"

我们常常会听到别人口中有这样的评价：某某人做事真周到。这样的话，肯定就是对那些善于在日常应酬中做得圆满者的赞赏，同时也说明了被赞赏者懂得应酬的艺术，是日常交际中的成功者。每个人的人格都是平等的，每个人都应该受到同等的尊重和认可，这是人与人交往的基本要求，也是每个人应有的对待他人的态度和方式。

品悟人生

不要因为人们之间所存在的先天或后天的差异而区别对待，唯有这样，我们才能获得良好人际关系。

做人不能太死板

陈其是学经济的，大学毕业后，分配在省城的一所中学里教书，虽然已在省城安家立业，但每年都要回一次老家。每一次回家，他的心灵就被震撼一次，改革开放这么久了，家乡的山依旧荒芜，乡亲们的生活依旧贫困。

陈其决心为家乡闯出一条致富之路。他毅然辞去中学的教职，回到家乡承包了40亩荒地，开始建造他的示范农场。

可是，不到两个月，他就和村干部们发生了冲突。一次，因为干部吃吃喝喝，陈其当面提了意见，他坦诚地说："论辈分，你们都是我的叔叔大爷。可群众生活这么苦，干部不应该这样多吃多占。"干部们一愣，多少年了，还没有人敢当面说他们的不是呢。他们手捏酒盅，小声议论说："这小子，读了几年书，就翘尾巴！"

又一次，因为乡里干部们按亲疏远近划分宅基地，陈其找干部评理，又一次得罪了乡里干部。

陈其动用自己的全部积蓄，在山上盖起了石屋，开始了农场的建造，可是，他遇到了一连串的麻烦：实施计划需要的炸药，要乡里干部开证明才能购买，他受到了无端的刁难；农场需要资金，他又遭到乡里干部的冷眼……

最终，陈其只能无奈地走出了家乡。

陈其虽有雄心壮志，可惜因为做人太硬气，不懂得低头，始终无法处理好人际关系，没有人缘结果落得个一事无成。人际关系是一门灵活变通的学问，如果太“死板”、太不“开窍”，那么人际关系一定无法处理好。

某机关大院聘了下岗工人柳某担任门卫，看守左侧的小门。这个工作虽然挣的不多，但柳某很是看重，工作起来兢兢业业，毫不含糊。不过他的尽责却引起了机关职员的厌烦：机关正常上班时间是9点，规定侧门在8：55分上锁，过了时间要出去的话，只能走大门。有一天，机关职员赵某遇上路上塞车，他赶到侧门时是8：56分，侧门刚刚上锁。赵某一看如果从侧门进还来得及，如果走正门的话非迟到不可，因此就请门卫柳某打开门让自己进去，但柳某却认为这违反了规定，坚决不开。结果，赵某好话说了一箩筐，柳某就是不为所动，坚决不开门。赵某又气又急还是走了正门，因为迟到了5分钟，当月奖金没了。这样的事不只一次，还有几个人，因为忘了通行证，也被柳某拒之门外。时间长了，大家越来越讨厌柳某，见到他就冷着脸，跟见到仇人似的。年终考核时，大家都给柳某打了低分，“认真负责”的柳某又下岗了。

不是说遵守规定不好，只是柳某实在是太不开窍了：遇到职员晚来一两分钟的事，如果你能网开一面，开个绿灯，那别人会对你有多感激，这个顺水人情柳某竟然都不懂得做。做人在不违背大原则的前提下，能结缘就别结仇，这样才能点旺人气，有个好人缘，办起事来，人家才会支持你、帮助你。

陆某是学工科的，毕业后分配在县城工作。他嫌机关太冷清，主动要求到基层工作，以便实现他的抱负——开发山里的矿产资源，造福家乡父老。

陆某为改变家乡的面貌处心积虑，四处奔波，人们夸奖陆某脑子特别灵活。的确，通过几年的奔波建厂，陆某悟通不少“人情世故”。大事不违法，小事灵活处理。很自然地，陆某面前的红灯少，绿灯多。他主持的那个乡，乡镇企业产值和利润年年翻番，人均收入也大大提高，人们对他更是赞不绝口。由于他突出的“政绩”，三年以后，他被提拔为乡长、乡党委书记。又过了两年，他被提升为主管工业的副县长。

在现实生活中，陆某这种为成大事“软一软”的做人方法，只要严守法律的界限，不失为一种务实的、行得通的做法。

在为人处世中，一个人如果太过硬气就无法赢得好人缘，也就无法在社会上立足。因此，我们做人做事千万不要太“死板”，圆通机变才能走出一条成功之路。

品悟人生

做人太硬气，不懂得低头，始终无法处理好人际关系，没有人缘结果落得个一事无成。

做人要考虑别人的感受

在孔子所处的年代，孔子能够做到“独乐乐不如众乐乐”，实属不易。与人同乐者，他能够将别人视为砝码，将自己视为“万物”，然后用别人来称量自己。称量别人，总是先揣度自己。因此，凡是持有“独乐乐不如众乐乐”思想观点的人，他都能够将他人放在第一位，而将自己放在第二位。也就是说，无论做什么事情，都能先考虑到别人的感受。

我们考虑问题时常会海阔天空，但不幸的是，无论思路如何开阔，我们往往还是从自己出发的。

在古希腊斯巴达统治雅典的第三年，有一支一万多人的希腊军队，出征去帮助波斯国王的次子普鲁士打仗。后来，普鲁士在和兄弟争夺王位的战争中死去。希腊军队就失去了打仗的意义，就来到距离巴比伦不远的一个小镇。军中那些高级将领在与波斯人谈判的过程中，全部中计被害，整个部队陷入了没有统帅的局面。更为不幸的是，这时希腊军的四周还有敌军的包围。很多人都认为，希腊军处在这样一种不利的形势之下，肯定会自行瓦解。

在这支将要溃散的军队中有一个刚入伍的新兵塞若梵，他是个很有头脑的人。在这样的危急时刻，他把所有的下级军官都组织起来，召开了一次会议。在会议上，塞若梵充分发挥自己的演说才能，鼓起打仗的士气和信心。全体下级军官都一致推举他为统帅，来统领部队。但塞若梵知道，希腊人是很难统领的，因为他们都有着很强的个性，自己决定自己的生活方式，自己选择自己的自由行动。虽然军队有严格的纪律，但希腊人所信服的是那些有才能和智慧的人。一个没有能力的统帅或智慧失误的将军，士兵们往往会向他投掷石子，以表达自己对他的鄙视。

塞若梵深知希腊人的这一个性，因此，他立即召集全体士兵召开大会，并作了更加激昂慷慨的演讲。在演讲中最为激励人心的是，他极力突出每一位战士的作用，而不是突出他的主帅的地位。他说："有人认为我们的指挥官死了，我们就会失败。但我们要让他们睁大眼睛看看，我们军中的每一个人都是将军。虽然受人尊敬的老将军克里亚库斯死了，但会有千万个克里亚库斯和他们战斗。"

塞若梵用极为简短而有力的方式，将自己的鼓励都注入到了每一个战士的心中，使得那一万多名战士都产生了前所未有的责任和信心。他们仿佛一夜之间都脱胎换骨了，就像一个人一样，产生了巨大的凝聚力。而这股凝聚力的重心就是塞若梵。第二天清晨，他们就踏上了返回希腊的征途。

因为塞若梵能够站在群众的角度思考问题，所以他能以身作则，发扬民主，爱护士兵，从而通过采取各种机动灵活的战略战术，经过四个月的时间，转战两千多公里，终于胜利地回到了希腊。

塞若梵后来总结说："我们都知道，自觉自愿的服从最终都会战胜被迫的服从。我就是懂了如何才能让战士们自觉的服从我。同时，我还必须吃苦在前，以身作则。"

如果我们都像这个男孩这样思考，我们就会拥有一个美好的栖居地。要展现出自己的关心，谦恭与礼貌，因为周全的考虑是一种表示关心的态度。

做任何事情，都要考虑到别人。无论你身居多高的地位，你身边的人，你的下属都是你要关心的对象。因为他们是与你并肩作战的人，他们会给你很多帮助。

品悟人生

在孔子所处的年代，孔子能够做到"独乐乐不如众乐乐"，实属不易。与人同乐者，他能够将别人视为砝码，将自己视为"万物"，然后用别人来称量自己。称量别人，总是先揣度自己。

演好你的人缘角色

在社会中，演好自己的人缘角色，你便可以拥有一张广袤无垠、伸缩自如的关系网。有了这个人际关系网络，你便可以活得轻松自在、潇洒自如，并从中汲取营养来塑造一个完美的人生。

在当今社会这个大舞台中，每一个人都扮演着不同的角色，又不停地变换着角色，各个角色之间时刻进行着各式各样的人际交往。

在社会中，每一个人都担任着很多角色。对于你的下属而言，你是一个领导者；而对你的上级来说，你又是一个被领导者；在企业里，你是一名员工；在家庭里你又可能是一个父亲或母亲、妻子或丈夫；在顾客面前，你是一个售货员；在另外一个场合下，你又可能是一位顾客；在戏剧中，你是一名演员；在某些时候你又是一个观众……

社会生活中角色是很多的，各种角色又在随时转换当中。假如一个人不能随时应变，改换扮演角色的位置，不但会闹出很多的笑话，也会给自己带来许多烦恼。

英国女王维多利亚与丈夫阿尔约特相亲相爱，感情和谐。维多利亚作为一国之王，每日忙于公务，而阿尔约特却不太关心政治，对社交缺乏兴趣，由此，有时夫妻之间也难免闹点别扭。

一天，女王维多利亚处理完工作，深夜回到卧室，见房门已经关闭，就敲起门来。

阿尔约特在卧室内问："谁?"

维多利亚回答："我是女王。"

门没有开，维多利亚再敲，阿尔约特又问："谁?"

维多利亚回答："维多利亚。"

门还是没有开。维多利亚徘徊半晌，再敲。阿尔约特仍问："谁?"

维多利亚回答："你的妻子。"这时，门开了，阿尔约特热情地用双手把她拉了进去。

维多利亚前两次敲门之所以没有敲开，是由于她的心态没有随环境的变化而加以适当地调整。她忽视了自己的角色在家中是妻子，而不是在宫廷对王公贵族说话的女王，以致造成措辞上的失误。维多利亚的第一次回答态度高傲，伤了丈夫的心；第二次缺乏热情，感情平淡，没有唤起丈夫的亲昵感，因而两次丈夫都不给开门。第三次回答，维多利亚的心态适应了具体地点和对象，体现了妻子应有的温柔姿态，因而不仅敲开了门，也敲开了丈夫的心扉。

在社会中，我们应学会在恰当的环境中，扮演好恰当的角色。不管你有多高的身价，在朋友面前千万别做自己生活的"女王"，否则后果就不只是"被拒之于门外"的尴尬了。

扮演好自己的社会角色，应当注意以下几点：

(1) 清醒地意识到自己所处的地位。在社会中，每个人都是一定角色的扮演者。由此，你应该对自己有清醒的认识，履行自己扮演角色的职责。是一个售货员，你就要尽一个售货员的职责，对顾客满腔热情，百问不烦；是一个医生，你就要履行救死扶伤的职责，体谅患者的痛苦，在精神上给患者以安慰，尽快解除患者病痛。假如做那些同自己地位、身份不相符的事，只会贻笑大方，影响自己在众人面前的形象。

(2) 随时注意转换自己的角色。每一个人都是多种角色的扮演者。在不同时间、地点、条件下，你要依据自己所扮演的角色的变化而变换自己的行为。常会有一些事，在这种场合下去做是无可厚非的，换一个场合就显得不协调。

(3) 要进入角色。在社会中，最重要的就是你准确地进入角色，把自己担当的角色尽心演好。假如你的角色是一个顾客，就应遵守顾客具备的要求；假如你的角色是一位老师，就要尽做老师的责任；假如你的角色是一位学生，就应尽学生的义务；假如你的角色是一位父亲，就应该尽到父亲的责任……以此类推，各种具体角色都有具体要求，都有它的道德标准，我们都应自觉地做到。

品悟人生

每个人都应演好自己所扮演的社会角色，只有这样才能够与周围的人们和谐相处，编织出属于自己的人际关系网络。

第八章

做人低调，谦逊为人讨人喜欢

不论你学历有多高、本事有多大、资格有多老，都不要自以为是，到处显派头。聪明的人懂得低调才有好人脉，因此他们总是会把架子收起来，用低调去赢得他人的心，从而为自己赢得良好人脉关系，增强自己的气场。

最有理的拒绝也要弯着腰说

“不”是一个简单的字眼，但并不能脱口而出。婉言而不严拒总能避免直面的尴尬，每个职场人都应掌握婉拒的分寸和艺术，尤其面对你的老板的时候，面对一个独断的上司，你的直言拒绝，无疑是在自己搬起石头砸自己的脚。

人气好的人会委婉地说“不”，哪怕是最有理的拒绝，也要弯着腰说。只有这样，周围的人才会因为你的委婉拒绝而采用更好的方案，来改变自己的看法和决定，你的拒绝才会有价值。

一家食品公司需要打开某国的消费市场，于是公司要求设计部每个人为食品设计一个宣传图标，开会论证后，择优采用。

这天，设计部的每个员工都带来了自己设计的图案，包括设计部主任，都来参见图标论证会。

在会上，设计部主任说：“这个图标的主图形就是一轮太阳，象征希望和光明。另外，这个太阳很像某国的国旗，某国人看到了这个商标，肯定会喜欢我们的食品。”大家都说设计部主任这个图标设计的好，构思高明。

可是，资深设计员王保南却发现这个图案有个最致命的错误，他要否定这个看起来很完美的图标。

但是，怎么说才能让主任接受自己的意见呢？王保南想了想，站起来说："主任，你的这个图标设计的确能够吸引人，比我们设计的都好，但是我个人认为这一个图标对某国客户来说是太好了反而不好。"这时，所有人的目光都落到了王保南身上。

"怎么？你不喜欢这个设计？"主任吃惊地问他。随即主任笑了起来，说："这句话我倒是听不懂了，为什么太好了反而不行呢？"

王保南回答说："这个设计鲜明自然是毫无疑问的，并且跟某国的国旗相似，因此一定会在某国受欢迎。"

"是啊，我的设计的目的就是如此啊。"主任说。

王保南说道："可是，我们还有一个重要市场，那就是香港以及东南亚的一些国家，这些国家和地区的人们看这个图标，也会想到某国的国旗。尽管某国人喜欢这个图标，但是由于历史的原因，这些国家和地区的人们就不一定喜欢，甚至可能产生反感。这样一来，我们打开了一个新的市场，却失去了一个旧的市场，岂不得不偿失，因小失大了吗？所以，图标设计不能让某国人太喜欢了。"

"你说的对，我怎么忘记了这一点。"主任拍手称赞。

"你看看，这是这个设计，对某国的影响效果肯定不如你那个，但能顾及其他地区。你看看行不行。"王保南推荐了一个他认为设计很好的图标。

最后，大家一直决定，修改后采用王保南推荐的商标。

所以当身边的人作出一些决策性错误的时候，你不能理直气壮地拒绝，采取委婉的方式最容易让对方接受。这样，他们不仅能接受你委婉的拒绝，而且还能改变错误的决定，更能对你良好的表现大加赞赏。如果你采取的是毫无顾忌地拒绝，他们会因为难堪而拒绝你。

最有理的拒绝，你也要弯着腰说，委婉地说，这表明了你的低姿态，其实它也是另一种服从，而直言拒绝一种反抗。所以，对于一个想获得人气的最佳方式就是：用最委婉的方式，让对方意识到自己的错误，让他们自觉的改正，而不是看到他们的不妥之处就理直气壮的指出，做到这一点，你才能获得旺盛的人气。

品悟人生

当身边的人作出一些决策性错误的时候，你不能理直气壮地拒绝，采取委婉的方式最容易让对方接受。

“低调”走遍职场，“高调”寸步难行

现实中，有些初入职场人认为：只要自己的有理，哪怕是领导，也可以据理力争。既然错不在自己，自己自然是占据有理的一方，为什么还要低头不语，委曲求全呢？只要有理，就应该针锋相对，有机会也不妨迎头痛击，让老板无话可说，让同事理屈词穷，无可辩驳。

其实，这是一个愚蠢者的做法。山不炫耀自己的高度，并不影响它的耸立云端；海不炫耀自己的深度，并不影响它容纳百川；地不炫耀自己的厚度，但没有谁能取代她作为万物的地位……低调是一种修养，是一种包罗万象、厚德载物的智慧，低调是职场的大智慧。不管你在职场中有多强，都要懂得低调，不然你迟早会在职场败下阵来。

刘晓兰大学毕业后，去了一家信息公司工作。很快实习的时间过去了，刘晓兰在业务与资历方面都取得了很大的进步，工作表现突出，受到了公司领导的多次夸奖。不久，人事部门进行了一系列的人事变动，刘晓兰很顺利地进入了公司最有前途的信息开发部。可是，很快刘晓兰就发现，有一个叫张月的是部门里最有能力的研发员，很多同事都会围着她转。这些刘晓兰都看在眼里，刘晓兰明白，在开发部里，张月是自己最大的竞争对手，如果能够打败她，那么就可以确立自己在部门中的地位。

于是，刘晓兰在暗地里调查，知道以前在公司里多少个有胆、有识、有为的年轻人都与张月的竞争中纷纷落马，有的甚至被迫离职。知道这些情况后，更加激起了刘晓兰的好胜心，她仿佛找到了一种棋逢对

手的感觉。

刘晓兰的确是公司中唯一有能力与张月一决胜负的人，她在很多方面都占据着优势：年轻、博学、英文好，而张月只是一个老研发员，在公司待的时间比刘晓兰久，工作经历和经验相对丰富些而已。

一天，公司接到了一个大客户交给了开发部。很快，在全部门的公共努力下，一个可行性方案诞生了。两天后，公司召集所有部门的相关人员专门开了一个方案确定研讨会。当方案拿出时，其中一个信息的关键参数出现了问题，并且这个参数决定着整个方案的成败，而这个方案参数正是张月设计的。

其实，刘晓兰早就看到了问题，因为方案的主设计者是张月，事前刘晓兰并没有指出这个问题，而是在专家研讨会上提出了错误的所在，她还拿出自己的设计参数，并罗列出十几条张月设计参数的错误之处，以及这些参数将导致了后果和公司将要赔偿的损失。大家都看得出，刘晓兰早知道这个错误，今天的一切都是她有准备的。

面对众多的专家和同事，张月很尴尬，只是低下了头，口中念叨着“老了，老了。”看到这个场面，刘晓兰得意极了。

最后，刘晓兰的方案设计得到了公司上层的认可。

刘晓兰可谓是一战成名，这件事情很快传遍了公司。刘晓兰自己也为在研讨会上的精彩表现沾沾自喜。

几天后，刘晓兰被公司的董事长叫去，董事长开门见山地说道：“晓兰呀，公司现在的外勤部人手紧张，看你工作那么出色，我决定把你调到外勤部，专门负责外面的市场调研工作。人事部已经为你办好了调动手续。”

刘晓兰知道，老总其实是明升暗降，把自己调离开发部，公司中谁都知道外勤部是公司最没有前途，最苦最累的部门。可是，这是公司董事长的直接命令，刘晓兰只好咬牙接受。

后来，一个知内情的同事告诉刘晓兰：“张月是公司董事长的爱人，你那天在研讨会上据理力争，在所有的公司高层面前没有给张月留一点面子，让她下不来台，老板怎么可能不会生气呢？”

这时，刘晓兰才恍然大悟，后悔自己当时太过争强好胜了。

“低调”走遍职场，“高调”寸步难行。刘晓兰的失败就是不太低调，面对张月的错误，没有给她留太多的脸面，从而得罪了董事长。在面对竞争对手时，即使你有理，也要给对手留一点余地，而不是为出一时之气，为满足自己一时的好胜心，把对方逼近死角，因为这样你所付出的代价恐怕会远远超过所得到的。如果你能够低调一点，给别人留几分面子，学会“理”让三分，你会发现你不仅仅是赢了一个对手，而且还赢得了一个朋友。

在一家高级酒吧里，一位顾客大声喊着：“服务员，你快给我过来！快点！”听到顾客的叫喊，服务员王宁赶紧走了过来，只见那位顾客指着面前的杯子，对王宁冷若冰霜地说：“你看看，你们酒吧里卖得是种什么牛奶，都变质了，看把我的一杯柠檬都糟蹋了！赶紧让你们的经理过来。”

“先生，真对不起。”服务员王宁连忙道歉道：“先生，您稍等，我马上给您换一份新的。”很快，王宁从吧台拿取了一份新鲜的柠檬和牛奶放在了顾客的面前，然后说道：“尊敬的先生，我们的牛奶都是最新鲜的。我想建议您，请不要往柠檬里面加牛奶，因为有时候柠檬酸会造成牛奶结成块。”这时，那位顾客的脸一下红了，知道自己是错怪了别人，于是，匆匆喝完茶就走了。

这时，旁边的一位同事笑着对王宁说：“刚才那人明明是他老土，连这点最基本的常识都不懂，还来酒吧喝酒。况且他刚才那么粗鲁、自以为是呢，对于这种客人，你完全没有必要对他客气。”

这时，王宁微笑地回答道：“正因为他自以为是，没有道理，我才用这种婉转的方式告诉他；正因为我有道理，所以点到为止，让他明白就可以了，不必让他当时下不来台。”

同事听了王宁的回答，投下赞许的目光。

聪明的人善于把道理这种“软兵器”放在心上，而不是正面的跟别人直接面对面的针锋相对，发生正面冲突会使自己失去冷静和理智，从而暴露自己的缺点和弱点，也容易与人结下仇恨。

因此，在职场中，当我们有理时，也要谦虚谨慎，不要过分地让别人下不来台，让别人颜面扫地，尤其是在领导面前，即使你再有理，也要给他留面子，用委婉的方式指出他错在哪里，这样对方不仅知道了自己理屈在哪里，同时还会感激你指出了错误之处，领导会赏识你是一位会做事的人，从而对你刮目相看。所以，如果你是一个在职场中有远大抱负的人，就必须要学会低调一点，即使你再有理，也要学会“理”让三分，少一点趾高气扬，只有这样，你才可以积累更多的人脉，永远立于不败之地。

品悟人生

如果你能够低调一点，给别人留几分面子，学会“理”让三分，你会发现你不仅仅是赢了一个对手，而且还赢得了一个朋友。

犯错未必是罪，认错不收税

古人说：“人非圣贤，孰能无过?”不论身为领导还是普通人，要做事就有可能犯错。但当你出现失误或者做错事时，你应当怎么办呢?

对于中国人来讲，面子始终是一个大问题，尤其是你是一个领导，当你做错事时，要向下属认错，无疑是一件很丢面子的事情。有的领导千方百计地掩饰自己所犯的错误，以维护自己在员工心目中的威信，有的领导则把自己所犯的错误往员工身上推，企图混淆视听。在很多人心中，领导做错事就是做错事了，没有必要向任何人认错，但是一个英明的领导，则不会这样做，他会以顾全大局为重，在必要的时候，放下自尊，勇于认错，坦然地为自己犯下的错误进行认错，反而会因坦诚得到更高的威信。其实，认错并不是一件丢人的事情。

著名企业家俞敏洪这样说道：“我发现向下属承认错误也不丢面子。”有一次，他无意中骂了手下一个员工，伤了那位员工的自尊心，第二天，俞敏洪突然意识到自己的错误举动，于是主动给这位员工的邮箱发了一封电子邮件，表示向他道歉，结果那个员工非常感动，在后来的工作中，更加认真卖力。

在新东方的每一次董事会上，往往成为了俞敏洪一个人的批斗大会，对于任何人指出的错误，他都统统照单全收，并且只要是大家指出的“错误”，不论最后到底是不是真错，他都承认是自己的错误，他说：“在新东方，我要的就是让每一个员工不要把我当领导看，也不要犯过我犯下了任何一个错误。有时候，在很多的场合下，我都难堪到了无地自容的地步，甚至后悔我为什么要把这些精英的人才招进来，可是，每次又因为这些精英们给新东方指出这样那样的错误，才使得我不断地进步，新东方不断地发展。如果没有他们，我到今天都不知道我会犯下这么多错误，有的甚至是非常幼稚的错误。因此，我总是在不断的认错中成长、成熟，把新东方从一个名不见经传的培训学校壮大到了今天这支拥有精英团队的优秀企业。”

在新东方，俞敏洪最著名的认错事件就是“家族企业”事件。

俞敏洪是一个孝子，他自觉亏欠母亲很多，能让母亲高兴的事总是尽量去做，拉下面子去做，但是这对一个企业来说，受一个老太太掌握大权，自然会影响到其他人作为股东的利益。

2001 年，王强向董事会提交辞呈，紧接着新东方的重臣徐小平也交上他的辞职信。他们提出的辞职原因新东方不应该是一个带有家族色彩的企业，这必然会让新东方走向衰亡。面对新东方最重要的两位人才的即将离去，俞敏洪如果不能留住他们，新东方这支本引以为豪的明星团队会分崩离析，新东方真的到了生死存亡的关头。

到了这个地步，俞敏洪终于意识到了自己犯下错误的严重性，为了照顾其他股东的利益，俞敏洪召开了董事会，在会上主动认错，并做出决定让母亲撤出新东方，从而留住了王强和徐小平，保住了新东方最宝贵的财富，最后让新东方成功在美国上市。

可见，正是俞敏洪及时地纠正了自己的错误，才留住了人才，最后使得新东方一步步向现代化企业迈进。

俞敏洪说："因为我善于承认错误，如果我不承认，就可以被我的高层管理人员骂上很长时间，我还不如赶紧承认算了，他们就没得骂了。"

事实就是这样，任何一个人都是凡人，不可能不犯错。人气好的人就应当不怕犯错，不怕认错。当你错了，就要迅速而坦诚地承认，然后改正。

伦敦的《伦敦周刊》的主编哈瑞斯每次在审稿的时候，都会喜欢把重要的文段用笔勾出来，目的是为了提醒排校人员"切勿将它遗漏"。

可是有一次，一位年轻校对员在校对时，读到了这样一段用红笔勾出的文字，上面的文字大致这样写道："我是《伦敦周刊》的一位忠实的读者，名字叫麦克雷迪。最近发生了一件非常神奇的事情，在我家的苹果园里的一颗苹果树上，结了一个非常好看的大红苹果。在这个红得发亮的苹果皮上，天然地长出了一排白色的字。当我仔细一看的时候，原来上面写着是我们最敬爱的主编名字——哈瑞斯。这真是我种植史上的一个伟大的奇迹，试想，一个完整无缺的苹果皮怎么会长出一个名字来呢？我始终不明白这个奇迹是怎样出现在苹果上的。也许可能只有我们的主编大人会给出我们这个奇迹的答案，同时也欢迎主编和更多的读者来我的苹果园里鉴赏这只神奇的苹果。"

那个年轻的校对员家里就有一大片苹果园，当他读了这段文字时，不禁好笑，因为他知道这苹果皮上的字迹只是一个小小的恶作剧而已：在苹果还是青色时，把白纸剪成字形贴在上面，等苹果成熟了，变红时，只要把纸条去掉，就可以让苹果长字了。这位读者只不过想借追捧主编之名，让更多的人知道他的苹果，借机宣传而已。

所以，这位年轻的校对员心想，这段文字如果登了出来，不仅被读者利用了，而且还显示出主编的愚蠢，连这样一个简单的常识都不知晓。因此，他便自作主张，果断地删除了这段文字。

第二天一早，主编看到新出的周刊没有说到那只神奇苹果的事，生气地来到这位年轻的校对员面前，说道："昨天有一篇我用红笔勾出的关于'奇异苹果'的文章，为什么不见了？"

那位校对员诚恳惶恐地把自己的想法说出来，哈瑞斯听了，不觉脸上发烧，然后十分诚恳地向这位校对员说："原来如此！是我错了，对刚才的指责，我现在郑重地向你道歉，你做得十分正确，只要你以后觉得发现错误的地方，即使我已用红笔勾出，你可以有权利决定取舍。"

据说，正是在哈瑞斯的经营下，《伦敦周刊》后来成为英国最流行的杂志。

要想获得人气，就不要怕别人指出自己的错误，大家都知道这样一句名言："以铜为镜，可以正衣冠；以史为镜，可以知兴替；以人为镜，可以得明失。"唐太宗正是一位以人为镜、勇于知错的人，所以打造了中国历史上最盛世繁荣的王朝。

可见，很多时候，坦然承认自己的错误，不仅能产生惊人的效果，而且在任何情况下，都能获得信服和尊敬。所以，不管我们是一个领导还是一位普通人，让我们放下高贵的自尊和面子，学会低头认错，这样做，我们会轻松拥有旺盛的人气。

品悟人生

事实就是这样，任何一个人都是凡人，不可能不犯错。人气好的人就应当不怕犯错，不怕认错。当你错了，就要迅速而坦诚地承认，然后改正，你就不会失去人气。

及时道歉，就能快速化解人际危机

自古以来，中国是闻名世界的礼仪之邦。一个知礼仪的人不仅容易被人接受，更体现了一个人修养。试问，有谁愿意和一个不懂礼貌的人在一起呢？如果你是一个懂礼貌的人，即使你有什么做得不对的地方、不好的地方，只要你能低下头，及时跟别人说声"对不起"，一般来说，别人会很容易原谅你。

一个懂得说“对不起”的人，首先在态度上低下头了。既然一些错误或者一些失误的工作已经发生了，已经成为了一种无可挽回的事实，别人要看的只是你的态度。如果这时你还趾高气扬，连“对不起”三个字都不愿说的人，别人怎么会原谅你。往往这个时候，领导会责骂你，同事会讨厌你，朋友也不会认可你，如果你及时地向他们说了声“对不起”，领导也不会给你过多的责备，同事也会向你说声“没关系”，朋友也愿意再给你一次补救的机会。及时说声“对不起”，可以消除人与人之间的矛盾，可以化解一些不愉快的事情，甚至可以化干戈为玉帛。

在工作中，有时避免不了会出现错误，会让你陷入了十分被动的局面，这时你需要说一句“对不起”，让别人首先感受你诚恳道歉的态度，表明你并不是有意的，及时道歉，就能快速化解危机。

在沙特阿拉伯有一家瑞士劳力士的小型精密仪机械表的加工厂。这天，生产主管克里斯汀突然接到了公司销售经理打来的电话，说是先前交到客户的产品质量有问题，已经退货了。但是，通过协商，对方同意修补有质量问题的货。但是，第二天必须交货，让克里斯汀赶紧组织人手生产。

时间紧迫。以目前工厂的生产条件来看，在指定的时间内完成看上去是一件很有难度的事情，甚至是根本不可能的事情，车间的工作还有其他的生产任务，并且人手也不够，交工时间又是那样紧迫，他感到这件事情很是棘手。

于是，他把大家召集到了一起，简单地说明了情况后，说道：“最近一段时间，大家都很辛苦，工作都挺忙的，现在产品的质量出现了问题，主要责任在我，是我没把好关。在这里，我首先向大家说声对不起!”

其实，产品质量出现问题最主要的责任还是质检员的责任，可是，作为一名领导，能够主动和大家说对不起，主动承担责任，这让每一位员工大为感动。

接着他又说道：“如果订单能够按时完成，完成修补的任务，公司和所有员工都将获得巨大的利润。我们应该怎样完成这项工作呢？大家有什么想法可以提出来。”

这时，所有的员工都举手，表示愿意主动加班。他们说，既然一个领导能够向他们说对不起，那么他们还有什么理由让领导为难呢？一切都是为了工作，况且任务完成了，他们还有收益。

这位主管十分抱歉地说："让大家加班，真是对不起大家！"这时，所有的员工回答："没关系，生产本来就是我们的工作，质量出现了问题，我们也有责任。"

于是，小小的工厂开始了加夜班，有时大家都加到午夜，可是员工们还是一个个干劲十足，因为他们知道在他们的背后有一个好领导，勇于承担责任，勇于道歉的领导。

最后，在大家的齐心协力下，加班加点，进行质量修补工作，那批货按时交了上去。

一场危机就这样解决了。

有时候，道歉是一种力量，是一种激励。试想一下，如果那位销售主管首先不是主动承担责任，跟员工说声对不起，而是将所有的责任都推到生产的员工身上，甚至对他们进行指责，那么可想而知，没有一个员工愿意主动加班，去进行质量修补。即使被迫加班，大家也是心里不痛快，工作也会不积极，也很难保证质量不会再出现问题。这个聪明的主管正是先跟大家说了声对不起，所以才让接下来的工作顺利地进行下去，提高了员工的工作热情，最后完成了上司交给的任务。

可见，说声"对不起"，你会得到"没关系"，一切不好的情绪和难做的工作，都在一声"没关系"中化解了。因此，及时说句"对不起"，是你化解身边麻烦，消除难题的一件很好的利器，它是赢得人们对你的信赖的法宝之一。

品悟人生

及时说声"对不起"，可以消除人与人之间的矛盾，可以化解一些不愉快的事情，甚至可以化干戈为玉帛。

为上者弯下腰身，为下者留下忠心

《三国志》中记载，刘备为了招贤才辅佐自己，就去请诸葛亮出山。第一次诸葛亮去不见，第二次去诸葛亮还不见，第三次去，诸葛亮让刘备在外面等了很久，才肯见刘备。气的张飞哇哇直叫，要绑了诸葛亮。但是，面对诸葛亮的冷遇，正是刘备低头忍让，用真心打动了诸葛亮，为自己挣下半壁江山。一个是皇室中人，一个是乡间散人，要是刘备以王族自居，恐怕历史上也不会有汉室天下。

所以，我们一定学会低头，这样才能团结一些人，让你在事业中如虎添翼，才有人为你的事业添砖加瓦。特别是作为一个领导者，要招引和挽留人才，最简单的方法是做出适当让步，为其提供能够发挥其才华的条件。低头是一种做人的艺术，是凝聚人心的智慧。

在某一年底，美国的GE公司总裁鲁本·加托夫在欧洲考察，突然，他接到一个叫杰克的工程技术人员的电话，杰克告诉他，无论员工表现好与坏，年底每一个人的加薪都一样，奖金也一样，这样有失公平。

鲁本·加托夫接到杰克的电话后很恼火，他告诉杰克，GE公司的薪酬制度是早就定好的，杰克没有资格指责它的公平性。要是不能接受的话，让杰克另选高明，还告诉杰克，GE公司有的是人才，更不缺像他这样挑三拣四的人。

杰克无法忍受GE公司对人才的偏见，更不满意总裁给他的回答，他认为既然付出了努力，给公司带来了巨大的效益，就应该得到等额的回报。他相信自己应该获得更高的薪水，于是，他当即向GE公司塑胶部门主管提出了辞职。

很快，芝加哥国际矿物化学公司向杰克提出，只要他愿意加入

IMC做一名化学工程师，他就能获得25000美元的年薪，相当于韦尔奇在GE公司的两倍。杰克略做考虑，就接受了这个职位。

但鲁本·加托夫回到总部后，就后悔不应该那样去答复杰克，他从经理那里了解到，在哈佛获得博士学位后，杰克进入了GE公司。他主要从事PPO材料的研制工作，杰克解决了这种新型材料在所制定规格的颜色与展延性上有一些小问题，成功地推出PPO材料。尤其是他研制出PPO材料以后，公司塑胶部门的业绩直线上升。他也成为GE公司塑胶部门的一颗脱颖而出的新星，成为众多化工公司关注的焦点，早已经就有猎头公司盯上他了。

加托夫意识到，自己应该留住像杰克这样的人才，并委以重用，不然对公司是一大损失。

于是，他马上打电话给杰克，真诚地表达了歉意，极力劝他留在塑胶部门。

但杰克告诉他，自己已经在去芝加哥的公路上了。

"求你了，回来吧，我答应你修改公司不合理的薪酬制度，还给你三倍于现薪的薪酬作为你的年薪，工作出色后还有奖励。"鲁本·加托夫说。

"可是，我已经辞职了，好马不吃回头草，我再回去的话，同事会看不起我的，他们会说，瞧，那个杰克没人要，又回来了。"杰克没好气地说。

"我亲自接你回公司，你看怎么样?"鲁本·加托夫说。

就这样，鲁本·加托夫及时接回了杰克。他用更高的薪水使杰克重新回到GE公司来上班。在此之后的40年内，杰克一心一意在GE公司工作。并在1981年成了公司的总裁，领导GE公司居全球企业500强中的首位。

事实证明，鲁本·加托夫留住的不仅仅是杰克的人，也留住了杰克的心。GE公司总裁鲁本·加托夫竭力挽留杰克是个英明无比的决定。杰克在鲁本·加托夫的退步中，更加为公司卖命，使得GE公司得到了长远的发展。而40年后，杰克成为GE公司总裁，并使公司居全球500强的首位。

假如你已经取得一定的地位，也不可一味的自以为是，否则只能逼走那些有才华的人，相反，要是懂得礼贤下士，懂得在人才面前低头，你获得的不仅仅是一个工作上的帮手，还会给你的事业带来更大效益和发展。

品悟人生

要招引和挽留人才，最简单的方法是做出适当让步，为其提供能够发挥其才华的条件。低头是一种做人的艺术，是凝聚人心的智慧。

"倚老卖老"，名节不保

你或许是公司里的功臣，你或许是公司里的元老，你或许是公司里的长者，那么，你会不会在公司仗着功劳高、岁数大，摆老资格呢？告诉你，一个人有功了，或者年纪大了，就摆出一副了不起的样子，这样最让人厌烦。

吴怀明是宏大印刷公司的老员工，最近却被提前"退休"了。

杨青升为厂经理已经有一段时间了。宏大是一家小型印刷公司，一共只有几十名工人，大部分员工都服从自己的管理，唯有吴怀明让杨青感到头疼不已。

在厂里，吴怀明算是元老级人物了。印刷厂成立后，吴怀明就跟着老板一起打拼。小杨刚进厂的那会儿，吴怀明还是杨青的师傅。

现在，徒弟成了经理，而师傅还是一名技术工人。

在厂里，吴怀明资格很老，和老板关系也不错，所以就经常摆资格。现在，自己的徒弟成了经理，老吴就更加"倚老卖老"了。

厂里安排吴怀明带几个新手干活，可是，老吴自己从来不动手，只让那些新手去做。老吴喜欢喝酒，上班也会喝，喝多了就不工作了，躺在宿舍里睡觉。另外，迟到早退是家常便饭。车间主管为此说他很多次，可每次老吴都对他说："老板是我哥们，经理是我徒弟，你有什么资格说我？”弄得主管没有办法，主管只有让杨青处理。

为了强化管理，杨青只有请老吴回家，让他提前从公司退休，等于是辞退了他。

杨青解释说：“不是我这个徒弟不讲情义，因为给他安排工作，他总是不能按时完成。他工作经验丰富，但办事效率不高。他的懒散在公司影响很坏。”

吴怀明的故事可能是很多人的故事，他们可能曾经是“功臣”，但在最后却因为“倚老卖老”而晚节不保。所以，不要处处都以“功臣”的姿态摆老资格，更不要用资历来作为压迫他人的手段。

经过多年的努力，赵黄鹤从一名普通的会计成长为公司财务总监，享受着优厚的薪水。赵黄鹤是公司的老员工，公司中很少有人能与他的资历相比。

不可否认，在所有的会计中，赵黄鹤的业务最熟，公司很多重大的财务项目也都由他来做。因此，他平时很少做其他的工作，有些本来是自己做的事，他也分给其他人去做。很多时候，别人忙的时候，他却是一个清闲的人。可是没有办法，谁让他资格最老呢？

这一年，公司招聘了一批新人，财务部也来了一个名牌大学会计专业的毕业生。她叫吴金慧，是个漂亮的女孩。

为了让新来的员工尽快适应岗位，公司要求老员工要帮带新人。由于赵黄鹤资格老，带新人的任务自然落到他头上。

但是，面对这个大学生，赵黄鹤很快感到了一种压力，因为这个新员工专业能力极强，还曾经获得全国珠算大赛的大奖。业务的熟练程度也不差自己。相比较下，自己除了资历以外，与人相比几乎没有什么优势。

这让赵黄鹤感到了一种前所未有的压力，别说帮带别人了，就是其他的一些老会计有时还得请这位新手解决一些问题。

这让赵黄鹤十分妒忌，他绝不能让吴金慧抢了自己的风头。经过一番计划，赵黄鹤想到了对她“全面遏制”的办法。于是，赵黄鹤尽量不让吴金慧接触核心业务，甚至连电脑也不让她碰，所有的账目都要求用手写，图表也要手绘。

可这并没有难倒吴金慧，凭一支笔、一把算盘，吴金慧把经她之手的账目做得漂漂亮亮的。而赵黄鹤自己做的一些项目却出错了。一次，他做的账目又被工商局和税务局指责不规范，公司面临处罚，公司让吴金慧和几个会计参与全面的“纠错”。

自从吴金慧来了以后，财务的工作效率快了很多。

公司来了后起之秀，第二年，公司让吴金慧担任公司财务总监，让赵黄鹤成为了顾问，他的待遇也降下来了。谁都清楚，没有哪家公司会养一个名不副实的员工，赵黄鹤已经失去了公司对他应有的器重。

一个老员工要是“倚老卖老”，极容易引起他人的反感，要知道“长江后浪推前浪，一代更比一代强。”

你是老资格，但面对年轻人一定不能摆这个老资格，看到年轻人比你强，更不要因为嫉妒而使绊子。资历不是一个人生存的本钱，待人谦虚一些，反而能得到人们的尊重和认可。你要看到，同事最怕遇到喜欢“倚老卖老”的人，这样的人永远得不到人的尊重和喜爱。

品悟人生

你是老资格，但面对年轻人一定不能摆这个老资格，看到年轻人比你强，更不要因为嫉妒而使绊子。一个人有功了，或者年纪大了，就摆出一副了不起的样子，这样最让人厌烦。

没人喜欢趾高气扬的人

为人趾高气扬，飞扬跋扈，肯定会遭到他人的厌恶，没有人愿意和这样的人交朋友。为官者趾高气扬还会影响仕途的升迁。做人高调，触犯了这条法则，无异于惹火上身，种下祸根。只有低调处世，才能在世间站稳脚跟，进而成就自己的一番大业。趾高气扬，与人对着干，必定会遭受失败，虽然别人可能一时不会对你如何，但是长此以往，就算不把你打入谷底，也会阻挠你的前进的步伐。

美国著名的杰出人物富兰克林的父亲对他从小就很溺爱，过于纵容他，对于他骄傲自大、自以为是的行为，父亲也从来不加以训斥，所以，他一直都是固执己见，从不听取别人的意见。

父亲的一位朋友看不过去，有一天，把他叫到面前，用很温和的言语规劝他说："富兰克林，你想想看，你那不肯尊重他人意见，事事都自以为是的行为，结果将使你怎样呢？别人受了你几次这种难堪后，谁也不愿意再听你那一味矜夸骄傲的言论了。你的朋友们都会远远地躲着你，免受一肚子冤枉气，这样你从此将不能再从别人那里获得半点学识。何况你现在所知道的事情，老实说，还只是有限得很，根本不管用。"

富兰克林听了这一番话，经过几番琢磨，终于大彻大悟，深知自己过去的错误，决意从此痛改前非，遇人遇事，他的态度非常诚恳，言行也变得谦恭起来。不久，他便从一个被人鄙视、拒绝交往的自负者，变成为到处受人欢迎爱戴的人了。

低调者做人的心态就是千万不要自以为是，要虚心请教，以低的姿态坦诚接受别人的批评与意见，然后加以冷静地分析，从而悟出为人处世的道理，借此修正自己思想上的偏差。

谦虚的人往往能得到别人的信赖，因为谦虚，别人才会认为你不会对他构成威胁。你会赢得别人的尊重，与他们建立良好的关系。

品悟人生

低调者做人的心态就是千万不要自以为是，要虚心请教，以低的姿态坦诚接受别人的批评与意见，然后加以冷静地分析，从而悟出为人处世的道理，借此修正自己思想上的偏差。

炫耀自己讨人嫌

很多人总想让同事注意到自己觉得优越的地方，希望用自己的“强项”获得他人的好感、博得他人的羡慕和赢得同事的尊重。其实，炫耀自己是最让同事讨厌的做法。

王女士的丈夫远在欧洲工作，孩子也都不在身边，寂寞的王女士打心眼儿里渴望能多交几个朋友。

在王女士看来，如果在别人面前表现得窝窝囊囊的，一定会有同事看不起自己。

于是，只要有新来的同事，她就会在他们面前这样介绍自己：老公在总公司表现突出，所以被派到欧洲分部工作；儿子毕业于北京大学，现在在上海当工程师，月薪5万；女儿毕业于清华大学，在深圳某重点中学当老师，衣服都去香港买……言下之意，她的一切都比人强。

渐渐地，新来的同事们都觉得，这位富有的王同事有些张狂。

王女士极力想和同事处好关系，可所有的同事对她总是冷冷淡淡的，没有一点亲近感，就是新来的同事也会慢慢地和她疏远了。

一个总向别人炫耀的人其实是在向人发起挑衅：看看！我比你强。不相信的话咱们可以比一比！这些人在与人交往中，最重要的感觉是炫耀自己：从老公赚的钱数，到儿子考的分数，从家具、电器的牌子，到身上衣服的料子。把别人比的紧张不堪。在炫耀者的眼中，朋友不再是朋友了，而是自己优越的参照系。试想，谁会喜欢和这种同事交往，这种人会有好人缘吗？

方先生可谓是个天之骄子：出身于高级知识分子家庭，从小学到大学成绩优异，毕业于名牌大学，毕业后直接进入某知名企业工作，并且连获提升，老总器重、薪资优厚。

方先生也认为自己的生活几乎接近完美，惟一的缺憾就是人缘不好，方先生相信这一定是因为别人嫉妒自己所以才不喜欢自己的。事实真的如此吗?

上大学时，同寝室友中只有他家条件最好，他会在室友面前炫耀起学识高的父母和自己的名牌手表，他的行为严重刺伤了室友的自尊心。

工作后，方先生又开始向同事炫耀自己的名校毕业证和老总的器重，没有同事愿意和他往来，有的甚至处处和他为难。

像方先生这样的人确实有不少，他们整天忙着炫耀自己，随时都要挑起一场竞赛，结果无论他们走到哪里都会惹人厌烦。

人的能力固然有高低之分，人的成绩有好坏之别，但讨厌失败，不愿总是面对失败的黑暗，这心态却是人人都一样的。那些喜欢在人际交往中搞竞赛的人，恰恰违背了人人都想回避失败的愿望。他们非要强迫你面对失败的尴尬，不断地提醒你：你这方面落后了，你那方面过时了，你的风度太差了，你的工作太苦了。他们也许以为自己“创造”出的这种优越，能够为自己赢得尊敬与倾慕，而实际效果往往是：一看到他们，人们便本能地感到沮丧，本能的做法便是逃开。

以为胜过别人便可以吸引别人的想法实在是太过幼稚，人们最喜欢的还是那些对自己没有威胁与挑战的人。所以，如果你想获得好人缘，那就记住千万不要在同事前炫耀自己，你的炫耀只会让同事对你产生戒备和隔阂。不妨和同事谈一下你的失意与失败，这样做同事不但不会轻视你，反而会把你当成知心的人。

品悟人生

在炫耀者的眼中，朋友不再是朋友了，而是自己优越的参照系。试想，谁会喜欢和这种同事交往，这种人会有好人缘吗?

不要显得比他人聪明

人们都喜欢聪明又干练的人，这是众所周知的事。于是，有些人就利用这种心理，处处显得比人聪明，希望这样能获得人们的认可。可是，赢得他人的肯定和朋友的喜爱的那份聪慧，不是一个人刻意表现出来的，而是自然的流露，要是有意显得比他人聪明，那是自作聪明，反而让人觉得讨厌。

一个年轻人进入了一个新单位后，发现同事大多是中年人，办事经验虽然比他多，但头脑没他灵活，对电脑等一些新事物的了解比他要差远了。

年轻人很高兴，认为自己大展拳脚的机会到了。于是他开始在单位里卖弄起自己的聪明来。

"哎呀！电脑怎么能这么用呢!?"

"这个地方应该……"

"这事你得听我的，这方面是我的强项！"

"真是的，怎么连这个都还没弄好?"

……

办公室里只见他一个人在指手划脚、口沫横飞。一开始，同事们真的很喜欢这个年轻人，有了问题也愿意问他，但他的自以为是让同事们渐渐地与他疏远了，每个人都躲着他。在他发表一番议论后，同事投给他的不再是赞赏而是嫌恶的目光。对于这种情况，年轻人也很苦恼，不过他真不知道是哪里做错了。

这个年轻人不受欢迎的原因是什么呢？他总是表现的聪明过人，总想让自己压过别人，一副"老子第一聪明"的架势。他不知道自己的这种举动其实是最拙劣的，自以为是的人总会伤害别人的自尊心，逼得别人寸步不让，其结果只能是使自己受同事排斥。

法国一位哲学家说："如果你想树立一个敌人，那很好办，你拼命地超越他，挤压他就行了。但是，如果你想赢得些朋友，有个好人缘，那就必须得做出点小小的牺牲——那就是让朋友超越你，走在你的前面。"其实这个道理很简单，每个人心中都有一种当重要人物的感觉，一旦别人帮助他实现了或让他体验了这种感觉，他当然会对这个人感激不尽的。当别人超过我们，优于我们时，可以给他一种超越感。但是当我们凌驾于他们之上时，他们内心便感到愤愤不平，有的产生自卑，有的却嫉恨在心。

一位专设计花样草图的推销员尤金·威尔森的对象是服装设计师和纺织品制造商。连续几年，他几乎每个月都去拜访纽约一位著名的服装设计师。"他从来不会拒绝我，每次接待我他都很热情，"他说，"但是他也从来不买我推销的那些图纸。他总是很有礼貌地跟我谈话，还很仔细地看我带去的东西。可到了最后总是那句话：'威尔森，我看我们是做不成这笔生意的'。"

无数次的挫败，威尔森认真地总结经验，得出的结论是自己太墨守成规，他太遵循那老一套的推销方法，一见面就拿出自己的图纸，滔滔不绝地讲它的构思、创意，新奇在何处，该用到什么地方……听烦了的客户出于礼貌会等到他将话讲完。威尔森认识到这种方法已太落后，需要改进。于是他下定决心，每个星期都抽出一个晚上去看处世方面的书，思考做人的哲学，创造新的热忱。

没过多久，他想出了对付那位服装设计师的方法。他了解到那位服装设计师比较自负，别人设计的东西他大多看不上眼。一次，他抓起几张尚未完成的设计草图来到买主的办公室。"鲍勃先生，如果你愿意的话，能否帮我一个小忙，"他对服装设计师说，"这里有几张我们尚未完成的草图，能否请你告诉我，我们应该如何把它们完成，才能对你有所用处呢?"那位买主仔细地看了看图纸，发现设计人的初衷很有创意，就说："威尔森，你把这些图纸留在这里让我看看吧。"

几天后，威尔森再次来到办公室。服装设计师对这几张图纸提出了一些建议，威尔森用笔记下来，然后回去按照他的意思很快就把草图完成了。服装设计师对此非常满意，并且全部接受了。

你看，当你不再极力显示自己的聪明时，人家就接受你了。

如果你想要别人讨厌你、排斥你，那就尽管表现你的聪明，但如果你希望被人喜欢、受人欢迎，那就虚心一些吧，多听听别人的意见，这样才能得到对方的肯定，有个好人缘。

品悟人生

赢得他人的肯定和朋友的喜爱的那份聪慧，不是一个人刻意表现出来的，而是自然的流露，要是有意显得比他人聪明，那是自作聪明，反而让人觉得讨厌。

把握表现尺度，就会获得赞赏

有人说，善于表现自己，才能展现自己的价值。的确，在当今这个变化迅速的时代，各种各样的人才争相涌现，如果你不能够很好地表现自己，即使空有一身才华，也不能赢得他人的认可。

王小姐是从事企业标志设计的，她从自己的设计中总能够获得足够的满足与自我的肯定，所以，她在工作时一向努力，常常为了一个标志的设计几天几夜地泡在工作台上，直至最后定稿。

不过，王小姐是一个偏内向的人，非常不善于表现自己，只会默默地做许多工作，甚至是一些对她来说引不起任何兴趣与激情的工作，在老板面前，她也不愿意主动显露自己的特长与才华，更不会努力去争取自己所感兴趣的东西。

她总认为刻意地表现自己是一种太做作的行为，她实在做不来，所以，她只希望老板能够有朝一日看到她勤奋工作的样子，进而发现她、提拔她，而在之前，她所做的只是默默地努力、再努力，苦苦地等待、再等待。

也许正是因为这个原因，对于她的每次的成功，老板总会认为，这是整个企业设计部努力的结果，却丝毫没有注意到王小姐作为总体设计所起到的作用。

就这样，王小姐拿着与其他人相同的薪金，却干着超出同事几倍压力与辛劳的工作。更糟糕的是，在同事的眼里，王小姐是一个没有才华的人，难以得到同事看重。

一个人如果不经过一定的表现并得到别人的认可，那么就很难得到更好的机会，不能充分展示自身的能力和才华。很多郁郁不得志者，不善于表现自我就是其怀才不遇的原因之一。

一家公司新招聘来了三位大学生，他们从同一所学校毕业，拥有相同的学历背景，但在性格上却各有不同。第一位员工性格十分开朗，在开会时总是积极发言，有不清楚的地方也会及时请教同事，在工作过程中也会积极汇报工作。他不但有清晰的工作汇报表，而且数字翔实，语言生动。

第二位员工性格内敛，不爱说笑，在会议上也往往是埋头做记录，偶尔被问及意见时，总是随口附和同事的说法。他认为工作汇报不过是走形式，根本没有人细看，于是工作汇报变得马马虎虎，并且很少汇报。

第三位员工是一个很精明的人，认为要想获得提升，就需要千方百计的在上司面前表现，至于工作好坏就是另一回事了。他不爱和同事们交往，总是前前后后的围着上司转，在开会时，只要上司提出的意见，他都大力附和，而对于其他同事的方案，他总是表现得淡淡的。他大大小小的事都会到上司面前去汇报一番，任何一件小事都首先去请示上司。

半年之后，第一位员工很快得到了提升，被调往分公司独当一面。第二位员工业绩平平，仍然停留在原来的位置上。而第三位员工被辞退了。老板认为，第一位员工是一个有才华又有工作能力的好员工，第二位员工能够专注于工作，但是没有很大的成绩，工作能力有待提高，而第三位员工则一味表现自己，注意力全部集中在讨好上司上，根本连自己的工作都忽略了。

表现虽然重要，但一定要把握好“度”。在职场要善于表现自己，这样，才能得到大家的肯定。但是，表现自己，不能锋芒毕露，否则，会适得其反。

而那些能够适时表现自己的员工也如同孔雀一样，懂得展示出自身傲人的资本，从而能更好地吸引人们的眼球，赢得应有的关注。

小吴是公司的新进人员，自进入公司的那天开始，她就一直默默地干着份内的和份外的工作。

早上，别人还没到，小吴就已经开始打扫起办公室，然后，在同事们面前的办公桌上，各放上一杯她沏好的茶或咖啡，而办公室里的那几个人竟然也渐渐享受起了这样的生活，很多需要跑腿的活儿都扔给了小吴。

晚上，当其他人飞快地奔向电梯回家的时候，小吴却不言不语地开始收拾一天下来凌乱的办公室，然后再坐下来加一个班，完成当天的工作或为明天的任务做准备。

这样的工作是辛苦而忙碌的，但小吴并没有因此跟人到处抱怨，甚或向主管告状，她知道，自己作为新人，有些闷亏是必须吃得的。不过，这并不代表小吴就甘愿就此沉默下去，她一直都在寻找能够适时表现自己的机会。

这一天，公司召开一个业务会议，老板在会上提到了一个关键数据，但现场所有人都一头雾水，没有人知道这个确切的数据。

就在这时，小吴不慌不忙地发言了，不仅将数据阐述得准确清晰，更加进了自己的一些独到看法，结果，小吴赢得了所有人的佩服，更赢得了老板赞许的目光。

事实上，这是小吴辛苦了一个晚上的成果，早在昨天开会的时候，她就听到老板提到了相关的问题，她因而知道这个数据对公司相当重要，而很多人又并不清楚，所以，她知道自己找到了一个绝佳的表现机会，且凭借的是自己的实力和努力。

小吴就此成为了老板眼中的红人，成为老板心目中踏实肯干的栋梁之才。没过多久，老板提拔小吴做了这个公司里重中之重的设计部主任。

善于表现的人不会锋芒毕露，处处显得高人一等，也不会过分夸大自己的成绩，为自己树敌；光有一副谄媚相，会给人留下不良印象。当然，在展现自己的时候，也不能一味谦虚，当需要发表意见时，要能够条理清楚地说出自己的看法，而不是随声附和别人的意见。即使需要反驳别人，也不能摆出一副目空一切的样子，显得唯我独尊。而是应积极帮助别人想办法出主意，赢得别人的尊重和好感。

品悟人生

表现虽然重要，但一定要把握好“度”。在职场上，要善于表现自己，这样，才能得到大家的肯定。但是，表现自己，不能锋芒毕露，否则，会适得其反。

第九章

人品至上，唯有诚心才能换来众心

人若不守信用，就像车子无法行走；人不讲信用，也就不能在社会上站得稳。一个诚实的人，不论他有多少缺点，同他接触时，心神会感到清爽。这样的人，一定能有超强的人气。这是因为以诚待人的人，别人也会以诚相见。

从朋到友

交友贵在真诚。不管一个人的相貌、学历、出身如何，只有带着真诚的情感跟别人交往，才能赢得知心的朋友。只有充满真诚的言行，才能赢得别人的心，交到知心的朋友。也就是说，在交友的过程中，唯有真诚才能换来真诚的朋友。

东汉时，曾有一位为人称赞的典范人物，他名叫荀巨伯。此人交朋友特别讲求诚挚，重视“义”字。

有一天，荀巨伯正在房中闲坐，忽然外面有人送进一封书信。荀巨伯打开一看，是自己的远方朋友。信中说：“伯兄，别来无恙?！愚弟自与兄相识，亦有几度春秋。心中感幸。古人云：‘人生得一知己足矣’，与君促膝而谈，共话世事短长，何其乐哉？奈何来去匆匆，聚时不易别时也难。千里之遥，遥不可闻，天涯咫尺，共祈明月。无奈那日染病卧床，僵直难动，抬手举目亦是疲累，念去期之不远，恐弗能与君再会，心中愈感凄凉。此修书一封，薄纸片语无以尽述其意，唯兄知之。”

荀巨伯读完信，心中一颤，来不及多想，忙收拾东西，打好包裹上了路。朋友远在千里之外，荀巨伯星夜赶程。走了好几日，来到朋友所在的郡地时，却发现此地被胡人团团围住。

当时，随他同行的人都劝他说：“最好还是别进去了，胡人野蛮，弄不好会丢掉性命的。”

他却什么也没有说，自顾前行。

他潜入了城中，城中已是慌乱纷纷。荀巨伯看着慌奔的人群，望着凌乱不堪的城镇街道，心中倍感凄凉，更想到友人卧病在床，心中酸楚。急急寻找朋友居处。

当朋友睁开微弱的双眼见到荀巨伯时，眼睛突然放出异彩，挣扎着颤抖的双手想坐起来，荀巨伯赶紧迎过来伸出双手将他扶住，让他不要动。朋友望着风尘仆仆的荀巨伯，泪水在瘦削得不成样子的脸庞上滚动。喉间“咕咕”直响，却哽咽着说不出话来。荀巨伯握着友人枯瘦的手，望着瘦骨嶙峋的友人，也止不住掉下泪来。凄声地说：“愚兄应早早赶来才是，愚兄——”

那朋友用微弱的气力使劲摇了摇头，眼睛闭了闭，用细弱的声音说：“不，你不要这样说——在这样的时候，从那么远的地方，你却赶来看望我——我——不知该怎样感谢你才好，——我——，我恐怕是没有几天寿限了。现在又遭胡人侵掠，怕是城镇不保。对于一个将要死的人来说，谁来侵略就只管侵啦，一切都无关紧要了。——可是，你必须赶快想办法离开这里，我在临死之前能够见君一面也就心满意足了，——我——不愿让你因我的拖累而遭到什么不幸，你快走——”

说着，将手从荀巨伯手中抽出来，示意荀巨伯快去逃命，荀巨伯听完立刻说：“你这是什么话？你把我当成什么人啦？你病成这样我怎么能抛下你不管呢，那还算什么朋友，你未免太看扁我啦？”那位朋友苦笑一下，泪水再次涌出，感动得说不出话来。

胡人很快破城而入，四处搜索，抢掠财物，但家家户户已是凌乱不堪，逃的逃，散的散，唯独有一院户秩序井然。胡人进来后见院中一切都很平静，不觉生奇，破门涌入室内，却见一人安然坐在屋中，他们进来后，那人只是看了他们一眼，随即又手端药碗给床上躺着的人喂药，这正是荀巨伯和他的朋友。

胡人当即火冒三丈，大发淫威：“我大军所到之处，无不望风而逃，你是何人，竟如此大胆，轻视我等，莫非你要一个人挡住我勇武大军吗？”

荀巨伯将药碗放到床边的方桌上，站起来冲胡兵们一抱拳，说：

"请你们不要误会，我也不是这里的人，我的家距此有千里之遥。我到这里来是为了看望这位病重的朋友，不想与贵军相遇。现在我的朋友病情很严重，危在旦夕，而由于贵军的到来，大家逃的逃，走的走，可怜我的朋友无人照料。我是他的朋友，理应在此照料他，并非有意与你们作对。如果你们不肯放过我们，定要杀的话，我请求你留下我的朋友，他是一个病人，要杀就杀了我吧！"

说着，将头向前一伸。胡人听完当即全都惊愕在那里，面面相觑，相视无语，又看看手中亮光闪闪的钢刀。半晌，一个头领说："想不到竟还有如此坚守道义的人，我们以不义之师侵道义之地，实乃罪过！"说着，冲其他人一挥手，"走吧！"

患难见真情！荀巨伯真诚的言行不仅打动了挚友，甚至打动了野蛮的胡人，可见，真诚同样具有无与伦比的威力！

一个善于交友的人，一定是个能为对方着想的人，不仅会懂得"锦上添花"，更会懂得"雪中送炭"的艺术。

俗话说，"人心换人心"。你若想别人关心尊重你，你就必须对别人也付出一份真心。一个善于交朋友，关心、体贴别人的人，一定是个能为对方着想、欣赏对方、处处满足朋友需要、解决他们的困难，而又避免去麻烦对方的人。所以，要成为受欢迎的人，不仅要能够"锦上添花"，更要懂得"雪中送炭""人心换人心"的艺术。

品悟人生

只有充满真诚的言行，才能赢得别人的心，交到知心的朋友。也就是说，在交友的过程中，唯有真诚才能换来真诚的朋友。

宽厚待人，表里如一

每个人都有着自己的爱好、追求和生活方式，因教养、文化水平、生活经历等区别，不可能也不必要求每个人处处都与他所处的群体合拍。但是，任何一项事业的成功，都不可能仅依靠一个人的力量，谁也不愿意成为群体中的破坏因素，被别人嫌弃而“孤军作战”，这就是共同点。一个有修养的、集体感强的人，是能够利用这一共同点，以自己的情绪、语言、得体的行止和善意的态度去感染、吸引或帮助别人，使周围的关系更融洽。

与人为善，平等尊重，是与人友好相处的基础。人应该主动热情地与周围的人接近，表示一种愿意与人交际的愿望。如果没有这种表示，别人可能会以为你希望独处，不敢来打扰。切忌不要显出孤芳自赏、自诩清高的态度，使人产生你高人一等的感觉。因为，不平等的态度，永远不会赢得友谊。所以，加深友谊的原则是：培养襟怀坦白、与人为善的性格。

罗马教皇约翰二十三世，所到之处，无不受到热情欢迎，因为他从不装腔作势。这位贫苦农民家庭出身的儿子，一辈子宽厚待人，表里如一。当选教皇后，上任办的第一件公事就是访问罗马的雷几那·科里大监狱，他在给那些犯人祝福时说他上一次来到监狱是探望他的兄弟！

他处处为平民百姓分忧解难，与他们共享欢乐。正如康拉德·巴兹说的，约翰二十三世是个“不带假面具的人”。

心理学家希德内·乔拉德在他的《透明的自我》一书中讲述了他关于自我揭露的研究。他的主要发现是人的性格中有一种自然的内在的揭露自我的倾向，当这种倾向被扼制时，人们就会固步自封，陷入情感上的困扰。

任何人和任何事情都不可能尽善尽美，尽如人意。善于发现别人的长处，认识到大多数人都是通情达理的，会使自己以宽容的态度与人相处。谁都会有不顺心的时候，善于克制自己的情绪，约束自己的行为，而在别人产生消极行为和情绪时又能予以谅解，这是一种有教养的表现，它会使人处处感到你友好的态度。

品悟人生

我们反对一味地曲意逢迎，但是善意、友好的称赞会使人愉快，刻薄、不善意的取笑，会让人感到自尊心受到伤害而不敢和你接近。

有“礼”走遍天下，无“礼”寸步难行

有些人认为能力决定一切，因而对礼仪观念十分淡漠。气质、修养、风度和品味都离不开“礼”的支撑，它是一个人仪表装扮的核心内容。一个人要是不讲礼仪，不论是他的内在人格还是外在形象都会坍塌。古人也把“礼”为立人的基础，所以说：“不知礼，无以立”，意在告诫我们，如果不懂得礼，就无法做人，无法在社会上立足。

礼仪是人们社会活动的润滑剂，是联络人与人感情的纽带，是人际关系的桥梁。

礼仪最能成就一个人的人脉，反过来，不懂礼仪就是人脉的禁忌。有时候，哪怕是在礼节上的细微失误，可能都会给你的人际关系带来损伤。

周澜任职一家广告公司，做满两年之后，她的业务能力和积累的客户关系足以让她成为一个部门的领导，当然这也是众望所归。经理告诉她，他已经把升职申请报到总部，只要老板一来公司，她就可以被提升为销售主管。

不久，周澜又完成了一宗比较大的广告投放计划，也很巧，就在这时，老板也来到了公司，听说周澜又有了新的业绩，老板很高兴，拉着她和经理一起去吃饭歌厅飚歌庆祝。获得了这样的待遇，周澜心想，这下升职已成定局了吧。

等到庆祝结束，老板让她搭自己的顺风车回家。或许是平时坐惯了出租车，周澜想也没想就钻进了后厢，经理颇有些奇怪地看了她一眼，

也没多说什么，就坐在了副驾驶座上。坐定之后，周澜也觉得不知道哪里有点怪怪的，自己一个人坐在后头，但心想也许这样子经理和老板谈话比较方便啦。途中经理先下了车，临走又似有深意地望了她一眼，周澜没有领会他的意思，只是挥手道了声：bye—bye！老板开车把她送回了家，告别的时候神情有些冷淡，周澜想，大概是有些累了吧。

自此之后，提升一事像泥牛入海再无音信，周澜着急了，但是又问不出口。没有别的什么办法，只好继续兢兢业业地工作，试着把升职的事情忘掉。直到半年之后，一次加班到很晚，经理才把她叫进办公室，告诉她事情的原委：其实公司老板是个比较传统守旧的人，对一些琐碎礼仪比较看重。比如坐车，司机旁边的位子，肯定是职位较低的人去坐。老板觉得年轻人应该自觉谦让，所以对她的印象打了折扣。再加上，后来经理下车后，出于礼貌周澜应该坐到前排以示陪同，绝不能够就像坐出租车而老板就是开车的一样，这些礼节上的失误，虽然很小，但它却让周澜在上司面前留下了不好的印象，错过了升职的机会。

礼不仅是一个人的形象，它也能打动很多人，让人获得出人意料的人脉关系。

常言说“礼多人不怪”，如果你能适当地做到“多礼”，则必然大受欢迎。奥里森·马登曾这样说过：如果你的社会关系是一台机器，那么，彬彬有礼的态度就是那部机器中的润滑剂。因为，人际交往中只有形成尊重和被尊重的默契与和谐，才可能给你的形象加分，让你的交际顺利进行和持续发展。

品悟人生

如果你和一个知书达理的人打交道，他的礼貌的表现会让我们感到愉悦，要是和一个粗鲁无礼的人在一起，他带给我们的更多是不快。

人气要的是“人忠”

有的人认为，能力是第一位的。实际上，仅仅有能力远远不够，忠诚才是决定你在组织中的真正地位的关键因素。阿尔伯特·哈伯德说：“如果能捏得起来，一盎司忠诚相当于一磅智慧。”

在任何一个地方，如果你希望得到他人的赏识，得到升迁的机会，第一条法则就是你必须忠诚于老板。无论你的能力多么优秀，无论你的智慧多么超群，没有忠诚，没有人会放心把最重要的事情交给你去做，没有人会让你成为公司的核心力量。

为了一点点个人的利益而牺牲他人的利益，这样的人在世界的任何角落都不受欢迎，因为你出卖的不仅是他人的利益，更是做人的尊严。哪怕是从你手中获益的人，也会在心底对你产生鄙夷。

索尼公司的用人标准中有这样一句话：“如果想进入公司，请拿出你的忠诚来。”这是每一个意欲进入索尼的应聘者常听到的一句话。索尼公司认为：一个不忠于公司的人，再有能力也不能录用，因为他可能为公司带来比能力平庸者更大的破坏。

松下幸之助认为，一个员工的能力只要有 60 分就可以了，要看他对工作是否有热情，对企业是否忠诚。

一家广告公司在招标会上抢夺到了上海市区内地理位置最佳、收益效果最好的几条街道。

不久，公司因为做这些广告前期投入巨大，出现了财务危机。员工连续二个月拿不到薪水，工作也渐渐失去了干劲。

老板看到这种情况特别着急，于是在第三个月做出了承诺，保证在下个月把工资发到大家手中，希望大家能够坚持下去，因为他坚信只要坚持下去就是胜利。

下个月很快就到了，老板还是拿不出钱来发工资，员工们很气愤，集体提出了辞职。在这些员工走后，老板发现唯独有一位老员工还坚守在自己的岗位上，就问他："人家都走了，你为什么不走？"

但他却说："我跟了你，就是你的人，公司的存亡有我一份责任，我要和你共同坚持下去"。

又坚持几个月，老板实在无能为力，只好将公司低价转让，在签订转让合同时，老板只提出了唯一的条件，就是要把那位老员工留下。

新公司老板质问到："现在优秀的人这么多，为何非要留他？"

老板说："企业需要的不仅是优秀员工，还需要员工的忠诚。"

新老板听了介绍，也很赏识这位老员工，接收公司后，不仅对其加了薪水，还给予了重用。

在这个世界上，并不缺乏有能力的人，那种既有能力又忠诚的人才是每一个企业企求的理想人才。

人们宁愿信任一个能力差一些却足够忠诚敬业的人，而不愿重用一个朝三暮四、视忠诚为无物的人，哪怕他能力非凡。如果你忠诚地对待你的朋友，他也会真诚对待你；当你的敬业精神增加一分，别人对你的尊敬也会增加一分。不管你的能力如何，只要你真正表现出对朋友足够的忠诚，你就能赢得朋友的信赖。

品悟人生

仅仅有能力远远不够，忠诚才是决定你在组织中的真正地位的关键因素。阿尔伯特·哈伯德说："如果能捏得起来，一盎司忠诚相当于一磅智慧。"

与人为善才能处处"逢缘"

有人说："我不与人为恶，但也别想让我与人为善。"乍一看，这种中庸的做法，既有利于竞争，又不失做人的品质。

但是，这种做法，闯入了人际关系的“雷区”——抛弃了善。与人为善是一个人不可或缺的品质，没有“善”，就不会有良好的人际关系，更不会有好的生活。清朝学者吴敬梓讲“以仁义服人，何人不服”，就是指以仁义来服人，谁又会不服呢?

“弯弓射大雕”的英雄成吉思汗，虽然一生杀人无数，但他也有善良的一面，因此成吉思汗得到了更多人的拥护，甚至是敌人的拥护。

一天，成吉思汗率部外出打猎，恰好遇上与自己有仇的泰赤乌部的朱里耶人。部众请求说：“这是我们的仇人，请您下令把他们杀个一干二净。”

成吉思汗望着惊慌失措的朱里耶人，说道：“他们既然现在不与我为敌了，还杀他们干什么?”并喝令想动手的人放下武器，不得动眼前的朱里耶人。

朱里耶人起初颇为疑惧，现在见成吉思汗无心杀他们，便纷纷上前搭话，言谈中，成吉思汗得知他们常受泰乌部的虐待，既无粮食，又无帐篷。于是，成吉思汗善心大发，慷慨地说：“既然如此，那就请你们与我们一起住吧，明天行猎所获我们平分。”

第二天，成吉思汗果然兑现了自己的诺言。朱里耶人对此非常感动，皆曰泰赤乌无道，而成吉思汗才是大度的主子，便纷纷投靠了成吉思汗。此事传到泰赤乌部后，大将赤老温也来投靠，就连曾经射杀成吉思汗坐骑的勇士哲别也投到成吉思汗的帐下。

武力可以使人屈服，却难以使人心服。所以，高明的交际法，就是与人为善，以自己的仁心去换取别人的真心。一个善良的人，能在平平常常的生活中不怕麻烦，不怕吃亏，说不定哪天善良就会成就你的人生。

有一天深夜，一对夫妇来到一家旅馆住宿，可遗憾的是房间已经满员了。当时已经很晚了，而且外面还下着大雪，怎么办呢？前台的服务员面对这个局面显得很为难。就在这对夫妇要转身离去的时候，其中的一名服务员叫住了这对夫妇："二位请留步，如果你们不嫌弃的话，今晚可以住在我的房间里，因为今夜正好是我值夜班。"

"那太好了！"这对夫妇的脸上马上露出了舒心的笑容。

这位服务员马上把自己的房间腾出来，换好干净的床单、枕头，收拾好后让这对夫妇睡下，而他自己却趴在旅馆的柜台上睡了一夜。老夫妇俩很感动，在离开的时候，这对夫妇只对这个年轻人说了这样一句话："你的善良能使你有足够的能力管理更大的一家旅馆。"原来，这对夫妇就是希尔顿饭店的创始人，他们膝下无子，于是这个服务员就做了希尔顿家族的接班人，后来成了希尔顿饭店集团的老板。

不知与人为善，本身就是一种恶习。

在任何情况下，当人们对你有好感时，就会大力支持你，在你所做的一切正面工作上给你一个道德上的应得的好处。所以，要懂得与人为善，对同事拿出你的善心，这样，你就会有很旺盛的人气。

品悟人生

武力可以使人屈服，却难以使人心服。所以，高明的交际法，就是与人为善，以自己的仁心去换取别人的真心。一个善良的人，能在平平常常的生活中不怕麻烦，不怕吃亏，说不定哪天善良就会成就你的人生。

做人不要太"精明"

有这么一种人：表面上，他们永远是笑脸迎人，左右逢源。从表面上看，他们对人对事都抱持着谦和宽容的态度，能广结四方善缘，其实，他们是"见人说人话，见鬼说鬼话"，表现的正是缘于他们的城府和圆滑。他们很少表露自己真正的喜恶，不轻易向人袒露自己内心的情绪和真实想法，凡事步步为营，警觉性极高，从不肯轻易相信别人。所以，你永远看不出他们真正的目的，永远是那么高深莫测、不易了解、接近。

他们说的每一句话、做的每一件事似乎都是经过深思熟虑的，简直滴水不漏。有时别人找他们发泄一些牢骚，他们一般情况下是既不会附和，也不会表示不同看法，至多，他们也就是说一些不痛不痒的安慰话。

这样的“精明人”，因为“识时务”的优点，会在开始的很长一段时间里十分讨老板和同事的欢心，但是，当你真正与他们亲密接触以后，却不免会对他们产生佩服和警戒：他们太精于算计了！因为你会不时地害怕在你对他们掏心掏肺之时，他们会于“不经意间”脚下使绊儿！

告诉你，人气拒绝世故的人，要是为人太精明，一定会引得他人的厌烦。

老魏进入公司以来，给人留下的印象一直是沉稳老练，虽然不失圆滑世故，但却是一个讨人喜欢的老好人。可是，连着好几件事情的发生，却让人觉得他岂止是城府颇深，简直让人“甘拜下风”。

有一次，老魏和小刘一同去总部开会，本该在第二天上班后一起去向主管汇报开会精神。可是，没想到，翌日小刘刚到办公室，主管就进门来把昨天开会的精神说了个透。原来，老魏早就提前到办公室，径直去主管那里作了汇报。

又一次，老魏和小陈一同去联系工资磁卡的事，回来后正是午餐时间，等小陈一顿饭工夫回到办公室后，主管却笑眯眯地对他说：“今儿个事办得很顺利呀！”小陈惊愕得说不出一句话来。

慢慢地，办公室里的同事发现，老魏这早请示、晚汇报、勤沟通的功夫做得相当滴水不漏——同事们平日里和他才聊过的事，须臾就会“刮”到主管的耳朵里。同事们因此开始对老魏愈来愈疏远。

不过，老魏也并不以为意，因为他已经博得了主管的满心欢喜。可是，就在老魏期待着自己的平步青云之时，却发现主管也开始有意识地远离他了——因为主管害怕哪一天自己也会成为被老魏“汇报”的人！

一个被同事讨厌、被主管厌烦的“精明人”，即使城府再深，他的职业生涯也不会是一片光明！

人们最喜欢本本分分、老老实实的人。

美国船王罗伯特·达拉有一位得力助手是位女士，最早她只是一名速记员。谈到她之所以能得到这个公司里所有女士都眼红的秘书位置时，罗伯特·达拉说：“我在最初雇用她时，她的工作只是听取我的口述，记录内容，替我拆阅、分类及回复我的私人信件。她的薪水同公司其他普通的职员没什么两样。但是，同其他普通职员所不同的是，用完晚餐后，她还常常回到办公室来，并且积极地做那些本来不是她分内的、也没有报酬的工作．并把她替我写好的回信和其他一些文件送到我的办公室来。她的能力增长很快，有时候替我写的信就同我写的一样。当我的秘书因故辞职时，我自然而然地想到了她，因为她早已做着这样的工作，并且早已有了这样的能力。我多次提高她的薪水，直到她的薪水是普通职员的四倍。但是，这是没办法的事，她已经使她自己变得对我极有价值，是我的事业不能离开的帮手。”

而那些“精明”的人，在实际中能获得这样的机遇吗？很难，而失败和被炒的可能性倒是很大。

聪明，但不要追求“精明”。太“精明”的人，总让人觉得不可靠，因为他们常常利用人、防范人、算计人，这样的人，有谁会愿意和他共事呢？

品悟人生

过于“精明”，处处显得“精明”，这样的人，很难和他人搞好关系，很难讨人喜欢。

敢承担错误者受人欢迎

一些人犯下错误之后，害怕在同事或上司心中就此失去信任。因此，很多人想尽办法掩饰过失、推卸错误的责任，不愿意开诚布公地承认自己的错误。可是，这种死不认错的做法是与人交往的大忌。

刘军和振宇同时应聘于一家美国公司，刘军和振宇都以优秀的成绩通过了考核，但职位只有一个，于是，公司决定让他们俩同时做一件事，来从中选出一个最优秀的人作为正式员工。

主管吩咐他们负责把一件陶瓷瓶送到码头，并反复叮嘱他们路上要小心。没想到送货车开到半路却坏了。刘军看到这种情况，赶紧下车抱起陶瓷瓶，一路小跑往码头赶，而振宇只是跟在后面。后来，迎面跑来一个人，一下子和刘军撞了个满怀，“哗啦”一声，陶瓷瓶掉到地上，顿时全碎了，撞刘军的人却在两人发愣之际溜走了。振宇和刘军都知道陶瓷瓶打碎了意味着什么。

回公司后，振宇到办公室，把事情的原委告诉了主管，并对主管说：“主管，不是我的错，是刘军不小心摔碎的。”主管平静地说：“谢谢你，我知道了。”

刘军也到了主管的办公室，把事情的原委也告诉了主管。最后说：“这件事是我的失职，我愿意承担责任。”

第二天，主管把他们叫到了办公室，对他们说：“公司一直对你俩很器重，想从你们两个当中选择一个人担任客户部经理，没想到出了这样一件事，不过也好，这会让我们更清楚哪一个人是合适的人选。我们决定请刘军担任公司的客户部经理。”

“主管，为什么？”振宇问。

“一个能勇于承担责任的人是值得信任的。其实，刘军能主动抱起古董，就说明他敢于承担责任，因为谁都不想古董在自己的手上被打碎。

还有，我看见了问题出现后你们两个人的反应是不同的。”主管说：“不过，选择刘军也不是我的决定，是公司总裁的意思。”说完，只见从主管办公室的里间走出一个人来，振宇和刘军定眼一看，是把他们陶瓷瓶撞碎的那个人，他向刘军伸出手：“欢迎你加入我的团队，小伙子。”

假设你犯的是大错，那么此错必定人人皆知，你的狡辩只能让人对你心生嫌恶罢了，何苦去狡辩呢？如果你所犯的只是小错，用狡辩去换取别人对你的嫌恶，那更划不来了。

一个人难免要犯错，但犯错误后，要敢于担当，勇于认错。这样的人才受欢迎。因为主动认错能让同事或上司看到你不推卸责任、勇于负责的品质。

铁成是一家商场新招聘的笔记本电脑销售员。尽管铁成业务还不是很熟练，但他认真热情的工作态度，受到了上司和同事的好评。

一天，铁成在销售笔记本电脑时，一时大意，把一台价值10000元的笔记本电脑，以5000元的价格卖给了一位顾客。对犯了这样错误的员工，上司是不能容忍的，一定会被辞退。

有同事帮他出谋划策，告诉他，他完全可以向那位顾客追回5000元；如果不希望因为追款引起太多的麻烦，他还可以自己筹齐5000元悄悄地入账，这样，就可以神不知鬼不觉地了结这件事。

但铁成在思考一番之后，决定主动向商场经理承认自己的失误，那位好心的同事听后大吃一惊，“你疯了！那样你肯定会被辞退的！”但铁成仍然坚持自己的决定。

在下班之前，铁成手拿一个信封来到经理的办公室。“对不起，经理，今天我犯了一个很严重的错误，让公司遭受5000元的损失。我为我的错误感到羞耻。这5000元是我工作以来的存款，请您收下，希望能弥补一下公司的损失。如果您要因此开除我，我不会有任何怨言的。”

经理听后，注视了他片刻，问：“你真的打算用自己的钱填补那5000元的亏空？”

“是的，经理”铁成诚恳地说，“虽然我可以按照顾客留下的联系方式，找到顾客让他付这笔钱。但为什么要去找他呢？是我把两种笔记本价格弄错了，这完全是我的错，我对这个失误负有全部的责任。而且，这样做还会影响商场的声誉!”

铁成勇于认错，并敢于承担责任的品质深深感动了经理。经理没有像其他人所想的那样开除铁成，而是给了他更大的发展空间。

诚实地承认错误要冒不被谅解的风险，但推卸责任却一定要承担被人轻视的后果。更重要的是，承认了错误你还有补过的机会，但敢做不敢当却会使你失去重新来过的机会。敢承担错责，就会受到人们的敬仰和信赖，获得好人缘。

品悟人生

一个人难免要犯错，但犯错误后，要敢于担当，勇于认错，这样的人才受欢迎。因为主动认错能让同事或上司看到你不推卸责任、勇于负责的品质。

责任心让你成为圈里的核心

每个人都希望在属于自己的圈子里有一定的地位，成为核心人物，可是，有很多刚刚踏上工作岗位的人只知道追求地位，而不注重自己的责任。须知，不负责任的人是不可能成为核心人物的，相反，即使已是核心人物，要是缺乏责任心，一定也会丧失在人际关系中的核心地位。

吴杰是某公司驻京办事处主任，在办事处他是个核心人物，只有他说了算。有一次，吴杰得到一个消息：公司决定安排他到外地去处理一项难缠的业务事件。吴杰早就听说这项事务非常棘手，很多人避之唯恐不及，他当机立断提前一天告假。

第二天，总公司把事物安排下来，吴杰让助手顶替自己去处理这项事务。吴杰的想法是：难办的事，就让助手顶着，办不好，自己可以推脱责任。

半个月后，事情没有办好，公司高层追究责任，吴杰便以自己告假为由，言称自己不知道这件事情的具体情况，一切都是助手自作主张，带领一帮人去处理的。

当高层进行一番深入调查，听了吴杰助手的具体阐述后，对吴杰责任心产生了怀疑，害怕他把这种手段当作惯伎，影响了整个组织的团结和工作效率，所以，不久就降了吴杰的职。

海尔的一名高级主管这样说过："同事和上司们推选我来做质保部主管，是因为我会随时随地把我听到的看到的关于海尔的意见记下来，无论是我在朋友的聚会中，还是走在街上听陌生人所说的话。因为作为一名员工，我有责任让我们的产品更好，正是我把公司的事当成自己的事，才赢得了公司上下对我的信任。"

有许多人本来具有出色的能力，却因为负责心不强，在工作中得过且过，自然就业绩平平，无所建树，甚至在工作中经常出现疏漏，结果，让自己逐渐平庸下去，无所作为，自然无地位可言。相反，另外有一些人，他们勇挑重担，全身心地尽职尽责地投入到工作之中，个人地位也不断得到提升，往往会成为圈里的核心。

老张退休后被一家私企聘做仓库保管员，工作非常简单，无非就是按时关灯，关好门窗，注意防火防盗等等。但老吴却做得超乎常人的认真。他不仅做好来往的工作人员提货的纪录，将货物有条不紊地码放整齐，还从不间断地对仓库的各个角落进行打扫清理。这些繁琐的工作，老张从不觉得枯燥，相反，他做得井井有条。一年下来，仓库在他的保管下，居然没有发生一起失盗案件，工作人员每次都会在最短的时间里找到所提的货物。

十月的一天，突然而来的强对流天气使得狂风骤起，乒乓球大的冰雹从天而降，冰雹砸坏了许多窗户的玻璃，冰雹过后，倾盆大雨又从天倾斜而下。这时，在家里休假的厂长感到十分不安，因为在仓库里还堆放着刚买来的一些生产原料，如果仓库的窗玻璃被冰雹打坏，原料就会被雨湿透，这会给公司造成不小损失。于是，厂长马上通知安全科长，要他带几个人和自己一起赶到厂里抢险。

可当他们赶到仓库的时候，看见仓库窗户的玻璃虽然已经被冰雹砸碎，雨水随风从窗户飘进来，可原料已经被帆布盖好。更让他感到诧异的是，浑身湿透的老张正迎着随风而进的大雨逐个修补着仓库的窗户——厂长高悬在半空的心一下子放了下来。他和安全科长带来的人一起也投入到了老张的战斗中。

事后，厂长握着老张的手说着感谢的话，而老张却只淡淡地说："这就是我的事。"

鉴于老张的这种负责的精神，不久，厂长破例提拔这个临时工人做仓库主管。此时，好多正式的老职工不理解，老张来厂里才一年，贡献不大，凭什么当上领导？厂长看出了大家的心思，于是说道："作为一名临时的仓库保管员，老张能对自己的岗位忠于职守。上次，你们谁不知道仓库的原料将有被雨水淋湿的危险，可你们又有谁能来仓库照看一下呢？你们觉得，那不是你们的责任。而老张只是一个临时工，可他真正做到了工作有颗责任心，我觉得他是最称职的仓库主管！"

责任决定作为，责任心大小决定一个人地位的高低。有多高的地位，就必须承担多大的责任。不负责任的员工，很难成为团队的核心；聪明的人都是先挑担子，先求作为，后求地位。

勇于负责的人，面对困难和危机，不会退缩，不会贪轻怕重，不会逃避，他们一马当先，勇挑重担，全力以赴地创造卓越，来证明自己的价值，来博得上司的器重，来为自己赢得崇高的声誉和地位！

品悟人生

勇挑重担，全身心地尽职尽责地投入到工作之中，个人地位会不断得到提升，人也往往会成为圈里的核心。

品格是人生的王冠和荣耀

英国的政治家和外交家坎宁在1801年这样写到："我的道路一定是通过品格获得权力，我不会选择其他的途径。我坚信这条道路的正确，它虽然不是最快的，但却是最有把握的。"

约翰·罗素爵士有句话道出了这个真理："英国的党派有个特点，请求天才人物的帮助，但遵从高尚者的道路。"

弗兰西斯·霍纳的一生就有力地说明了这一点。霍纳38岁去世，但比其他任何人对公众的影响都大。所有人都尊敬、热爱、信赖和哀悼他，在议会中，任何人都没有像对他这样的尊敬。

也许有年轻人要问，霍纳是怎么做到这一点的？是因为他的出身？他只是爱丁堡一个商人的儿子。是因为有钱？也不是，他的亲戚都不富裕。靠官位吗？他只有一个职务，而且只干了几年，并没有什么影响，工资也不多。靠他的能力？他并不出色，也没有什么天才的东西。他谨小慎微，惟一的目标就是不出差错。靠他雄辩的口才？他语调平和，意味深长，没有咄咄逼人的气势，也不会花言巧语的利诱。是他迷人的风度？他只是不做错事、平易近人而已。

那到底是什么呢？答案是：他的见识、勤劳、克制和善良的品质，是他人格的力量。

上述这些品质不是与生俱来的，也没有什么特别的因素，而是靠霍纳自己的培养。在英国参议院中，有很多比他更有才华、口才更好的人，但是，没有人的道德价值比他更大。霍纳的一生表明，平凡的能力借助高尚的品格就可以功成名就，因此，品格是人最大的财富。

品格就是力量，它比知识就是力量更为正确。

富兰克林也把他的成功归因于正直诚实的品格，而不是他的才能或演说能力，因为他在这些方面都没有什么出众的地方。他说："人们都很看重我。我口才很差，从来不能口若悬河，有时候还结结巴巴，而且经常出错。不过我还是能准确地表达自己的意思。"地位低的人和地位高的人一样，品格给人信心。

诚实、正直和善良，虽然不是命运攸关的东西，但却是一个人品格的本质所在。具有这种品质的人，一旦和坚定的目标结合起来，他有了无比强大的力量。他就有力量做善事，有力量抵制邪恶，有力量战胜各种困难和不幸。在逆境中，品格闪烁出了最耀眼的光芒。

品悟人生

一个人即使没有文化，能力平平，且一贫如洗，但只要品格高尚，总会产生一定的影响，不管他是在车间、在账房、在商场，还是在其他地方。

感恩之心让你赢得人气

生活就是一面镜子，你笑，它也笑；你哭，它也哭。具有感恩之心的人，同样，生活也会回馈他以爱护。

有一天，师傅和徒弟开车到乡下去送货。乡下的路崎岖坎坷，有沙子和石头，车一路上走得很慢。回来的时候，在石子路上，"砰"的一声响。车后轮的一只轮胎爆了，车上有一只备用轮胎，可是他们忘了带千斤顶。

在不远处的路边有两间房子。师傅指着前面的房子对徒弟说："去，你去把千斤顶借来。"徒弟愣了一下，问师傅："你怎么知道那儿有千斤顶？"师傅说："你要想着那儿有。"徒弟说："那要是没有呢？"师傅说："没有你也要想着那儿有。"徒弟说："要是那儿有，但是他不借呢？"师傅说："你要想着他会借。"徒弟说："要是他有，他不但不借，他甚至连门也不开呢？"师傅说："你要想着他会开门。"

师傅教给徒弟许多话，徒弟将信将疑地去了。徒弟走到那两间房子前，敲门，门开了，开门的是一个中年男人。徒弟说："又有事需要你帮忙了。"中年人看了看这个陌生的年轻人，说："我不认识你啊，我肯定没帮过你，你怎么说又有事需要我帮忙呢？"徒弟说："你家在路边，尽管你没帮过我，但你一定帮过不少其他人。所以，我来了，对你来说，是又有事需要你帮忙了。"

徒弟的话里，有感激之意。对于这样的一个陌生人，中年人觉得自己没有不帮忙的道理。说实在的，中年人并没空儿，他正准备去办一件自己的事情，可是他听了徒弟的话，便先放下自己要办的事，对徒弟说道："说吧，你有什么事情需要我帮忙的？"徒弟这才说："我的车子有一只轮胎爆了，我想，会有人向你借过千斤顶换轮胎，我也想借用一下。"

说实在的，这个不是搞汽车修理的中年人，他是没有千斤顶的，可他听了徒弟的话，就说："好吧，我知道哪里有，我带你去。"中年人便骑上摩托车带着徒弟走了好远的路，到他的一个熟人那里借来了千斤顶。徒弟对这个中年人万分感激。

徒弟借来了千斤顶，他高兴地对师傅说："师傅，一切都像你说的那样，你是怎样想到的？你怎么会这么神啊？"师傅说："很简单，不管他有还是没有，也不管我们能不能向他借到，但他是我们的希望，而对于希望，我们首先不是索要，而是要心存感激，感激他给我们带来希望。而承受了你的感激的人，是会给你带来希望的。"徒弟恍然大悟，并牢牢地记住了。

感恩于别人，如同赞美一样，会让人产生愉快的心情，从而赢得别人对你的好感与关爱。做好事情的第一步就是要先存一颗感激之心。时时对自己的现状心存感激，同时也要对别人为你所做的一切怀有敬意和感激之情，这样不仅会赢得必要而有力的支持，而且还可以避免陷入不必要的麻烦。你怎样对待别人，别人就会怎样对待你。你对我友善，我对你也友善，如果你不友好，我也不可能友好地对待你，这就是心理学的互惠关系定律。

人际关系就是善意关系，人是三分理智七分感情的动物。剥夺就会被剥夺，怀疑就会被怀疑，恨就会被恨，爱就会被爱，给予就会被给予，感激别人对你的帮助也就是帮助你自己。

感恩既是一种人生处世哲学，也是人生中的一种大智慧。

在一家公司成立的最初几年中，他们发生了一次财务困难，因此，他们的业务代表们之中便存在了一种消极心态，于是公司的业务经理便召集业务代表，要他们说明存在的问题。

当公司的一位业务代表结束发言之前，这位业务经理就已经跳了起来，并挥手要他们别再说下去，并解释道："停止开会15分钟，让我擦一擦鞋子，请你们仍然坐在座位上。"

令人惊讶的是，他真的派人去叫替工厂员工擦鞋的男孩过来，也不管其他人都注视他，就自顾自地和这位男孩聊起天来。

当他结束和男孩的谈话之后，便给了男孩1角硬币，并宣布这位男孩要对大家演讲。

"我不知道怎样演讲!"男孩惊异地说道。"你知道的"，业务经理说，"而且你会说得比我刚才听到的那几场演讲还要好。我会帮助你。"

业务经理问他："你几岁?"男孩清脆地答道："11岁。""你在这个工厂擦鞋有多久了?"男孩回答："6个月。""很好！你擦鞋能赚多少钱?"男孩感激地说道："擦一次5分钱，先生，但有的时候会得到一些小费，就像您给我的一样。""在你之前是谁在这里擦鞋?"男孩答道："是一位叫泰迪的男孩。""他几岁?""17岁。""你知不知道他为什么离开?""我听说他觉得擦鞋无法维持生活。""你擦一次鞋赚5分钱，有办法维持生活吗?""可以的，先生。我每个星期五给我母亲10元，再存5元到银行，再留下2元作为零用钱。有的时候我赚得更多，我把这些多赚的钱，另外存起来准备买一辆脚踏车，但我的母亲并不知道这件事。""谢谢你"，业务经理说，"你作了一次很好的演讲。"

接着，这位业务经理转向他的业务代表们说道："你们都听到这位男孩说的话了，现在让我告诉你们，他那些话的意思。

“请各位注意，这位男孩现在做的工作，过去是由一位比他大 6 岁的男孩所做的，他们的工作内容相同，索取的费用相同，服务的对象也相同。

“先前那位男孩离开了这份工作，是因为他无法靠他的所得的钱维持生活。但这位男孩，不但为他自己和他的梦想赚到了钱，同时还能赞助他的家人，他和先前那位男孩做的是相同的工作，但他却以一种不同的心态做着这份工作。

“他具有感恩的心态；当他工作时，脸上带着微笑；因此大家都很喜欢他，都愿意照顾他的生意，而且每次擦完鞋后，都会给他小费。而原先那位男孩比较冷漠，心绪不稳定，而且当顾客给他 5 分钱时，也不会说声谢谢。因此，他的顾客不会再给他小费，也不会常找他来擦鞋，他当然也无法赖以维生。这两者的差异就来自于一颗感恩的心，当你对别人怀有一颗感恩的心时，你就能赢得别人的关爱与照顾。”

没有感恩之心的人，永远不会懂得爱，也永远不会得到他人的爱。

在我们埋怨别人没有人情味的时候，是否能先检讨一下自己有没有人情味呢？在别人给你关心与帮助的时候，你是以感恩的心去接受，还是觉得理所当然呢？

世界上没有理所当然的给与，也没有理所当然的接受。朋友给你物质上的资助，那些资助都是他们辛辛苦苦赚出来的，是人家的心血。因为是朋友，他们才资助你。在你接受朋友的赠送的时候，是否心里也在想，我什么时候也能为他们送点礼物呢？而朋友在送给你礼物的时候，虽然不想你也给他同样的礼物，但是如果你也想到什么时候送别人点东西，那么你的朋友肯定会很开心，从而愿意加倍关心你、照顾你。拥有一颗感恩的心，我们就能学会包容，赢得旺盛的人气。

品悟人生

只要有爱，繁星就会更灿烂，因为有爱，生活才会变得更加多姿多彩！爱是双方的，情感的付出需要回报，只有拥有一颗感恩的心，我们才能拥有别人的关爱。

厚道做人，大气做事

厚道是一个人做人的基本准则。中国古代讲，修身是立命之本，做到修身才能使家庭和国家兴旺，修身用现代语言解释就是要厚道，要讲诚信。

"厚道，大气"，是唐骏成功的秘诀，也是他的新东家陈发树一眼就认定唐骏的原因之一。那还是2007年的12月，有一天，陈发树到上海约一个朋友吃饭，这个朋友恰好也是唐骏的朋友，于是唐骏就被一起约到了香格里拉饭店。

这是唐骏与陈发树的首次见面，在此之前唐骏对陈发树并不了解，对新华都的了解也不多。席间，大家都没有谈到"跳槽"的事情，而是陈发树讲了很多自己创业和新华都的故事。

陈发树，1961出生于福建安溪。1987年时，从卖杂货起家，用了8年的时间在福州开办了"新华都百货"。此后，他又涉足黄金、开发、房地产、旅游、投资等多个产业。终于，在2007年度的"福布斯"内地富豪榜中以199.3亿元资产位居第16名。

听了陈发树的故事，唐骏觉得陈发树很有头脑，很厚道。

这时，朋友要唐骏用两个词来形容陈发树，唐骏笑着说："厚道、大气。"

结果，唐骏刚刚说完，朋友就当场大笑了起来。原来，这两个词正是那个朋友送给唐骏的评语。

饭局之后，陈发树和唐骏觉得谈兴未尽，于是又相约去浦西喝茶。在路上，陈发树对唐骏说："我在电视上看到过你，我认为你的经营管理很有道理、很超前，也很崇拜像你这样有才华的人。"

唐骏听到陈发树这样夸奖他，觉得有点不好意思，笑着说："你太抬举我了！"

这时，陈发树说："我一直希望找一个像你这样有才能、有经验、有思想的经理人，而且我已经找了10年，但一直没找到，如果你有兴趣我就把总裁让出来给你做。"

"开玩笑的吧！"唐骏用怀疑的目光看着陈发树，笑着说。

"没有，我是认真的。"陈发树说。

"可以。"唐骏对陈发树说。

"认真的？"这一次是陈发树感到怀疑了。

"认真的。"唐骏坚定地说。

听唐骏答应得如此之快，陈发树也大笑了起来："好，只要你能答应就可以，什么时候过来由你来定。"

唐骏也笑起来："那么，给我什么待遇，就由你来定了。"

就这样，不到一分钟的时间，唐骏和陈发树就达成了"转会"的最初共识。

是陈发树轻率吗？不是。是唐骏轻率吗？也不是。

陈发树是一个集百货、超市、地产、工程、矿产、旅游、投资业等为一体的综合性企业集团公司的创始人，集团员工总数超过一万名。可以说，陈发树是一个阅人无数的智者，从相见、相识到相谈、相交早已看透了唐骏是一个厚道、大气的人。

而在陈发树讲述自己创业故事时，唐骏也从中看出了陈发树不仅充满智慧，而且也同他一样"厚道、大气"，是一个值得信赖、值得依附的领导者。

正如唐骏所说：我和陈发树一见如故，彼此十分认同，更重要的是，陈发树也是个厚道的人。他以10亿元重金聘请我，并没有规定聘用年限，我完全可以随时把这10亿元拿走，可见陈老板确实很厚道。

"厚道、大气"的做人风格是唐骏和陈发树能够联合在一起的纽带，也是唐骏成功的秘诀，更是唐骏能成为"中国第一打工皇帝"的最根本原因之一。说唐骏"厚道"，是有根据的，这是从他以往做人做事中总结出的结论。

唐骏素有"中国打工皇帝"之称，从微软到盛大，再从盛大到新华都，他完成了职业生涯的“三级跳”。虽然说他的每一次起跳时间、机会都把握得恰到好处，但最关键的还是唐骏的厚道、大气的做人风格。他每一次跳都能跳到一个更高的平台，最终成为一个让人遥不可及的10亿元天价的“打工皇帝”。

在盛大的4年，唐骏只报销过两样东西：机票和住酒店的费用。他说：我在微软的时候开销可以很大气，住总统套间，到盛大我住总统套间还行吗？人家是一步一步创业过来的，看不惯你的，所有的私人老板都会有这种心理。当然，如果我照样去吃饭，照样去请客，陈天桥也不会不同意，也不会说我什么，但是我不能那样做。至今，在盛大4年，这笔费用加起来也不过是二三十万元，这是非常小的数目。

一个厚道、大气的老板也必定希望他的跟随者是一个值得依赖、值得托付的人。这就需要这个跟随者也有同样的厚道与大气，如果这个跟随者任何事总是打自己的“小九九”，总是把自己的利益放在第一位，不管创业的生死，必定会让老板“敬而远之”，失去信任。没有老板的青睐，这样的职业经理人或员工必定也没有前途可言。

每个人的潜力都是无限的，有什么样的人品，就会有什么样的工作业绩与生命质量。做一个厚道的人，才会让人信赖，让人踏实，让人服帖，让人感动，才会被人信任，才能被委以重任，才会被赞赏和重用。

厚道做人，认真做事，是中华民族的传统美德，谈“厚道”似乎有点像老生常谈，但其内涵却是放之四海而皆准。“厚道”就如冬日的斜阳，夏日的和风，不论作为人品还是作为德行，都是能打动人的。厚道的人，作为朋友，可交；作为同学，可信；作为老师，可敬；作为上司，可从；作为下属，可用。

厚道，是人的一种优秀品质。厚道的人深得朋友的尊敬和爱戴，容易得到别人的支持，能够创造比较和谐的人际环境。厚道是做人的基本素质。厚道是一种高尚的道德修养。与人为善，宽厚做人，对他人是一种博大的爱。老子曾说：“上善若水”。与人为善者，能像水一样溶解万事万物，化解人间恩仇。

品悟人生

只有真诚厚道，宽厚仁慈，才会使你获得许多真诚的朋友，才能使你在复杂的人际交往中立于不败之地。

为自己建立起牢不可破的名誉

人格是一生最重要的资本。要知道，糟蹋自己的信用无异于在拿自己的人格做典当。

一个人凭着自己良好的品性，能让人在心里默认你、认可你、信任你，那么，你就有了一项成功者的资本。

一个人如果学会了如何获得他人信任的方法，真要比获得千万财富更足以自豪。但是，真正懂得获得他人信任的方法的人真是少之又少。大多数的人都无意中在自己前进的康庄大道上设置了一些障碍，比如有的人态度虚伪，有的人缺乏机智，有的人不善待人接物……这些常常使一些有意和他深交的人感到失望，对他失去信任。

所以，好人都应该努力培植自己良好的名誉，使人们都愿意与你深交，都愿意竭力来帮助你。

“坚守信用是成功者的最大关键。”一个人要想赢得大家的信任，要下极大的决心，花费大量的时间，不断努力才能做到。

有一次，我国一艘海轮通过美国主管的巴拿马运河，可是该船抵达外锚地已是下午4点，这里已有30余艘船正在排队等候通过。如果按先来后到的次序，我国这艘海轮最早也要等到第二天下午才能轮到过巴拿马运河。时间就是金钱。光排队耗费的时间，就使这艘海轮损失一笔可观的收入。正在中国船员为这件事十分懊丧时，美国方面却通知：中国海轮早上5点起锚，为第二名通过的轮船。

这艘中国海轮为什么会受到优待呢？原来，主管巴拿马运河的美国管理机构不讲情面，却重信誉。他们从计算机调出的档案资料表明：这艘中国海轮三次经过巴拿马运河，每次都是船况良好，技能颇佳，可信度高，所以决定让中国海轮领头先行。

望着运河中缓缓而行的船队，中国船员想着自己海轮所受到的优待，更觉得“信誉”不但重千金，而且是永久性成功的生命力。

加拿大企业家金诺克·伍德曾给他的儿子写过讲诚实的一封信。因为他的儿子为签署一份合同而花费大量心血，可惜最终由于对方缺乏商业道德而告吹。伍德在信中告诫儿子：千万别为此而不快。你具有诚实的人格，而对方没有。欠缺诚实的行为必定会招致别的不良后果，所以不必为他的“成功”而懊丧。必须注意的是你自己的品格，这才是最重要的。

一位著名的企业家说过：“我不知道的事情，我会坦白地告诉别人。我不清楚某件事，我会请了解这件事的人告诉我。这是我成功的奥秘。”成功之人应当具有这种不害怕说“我不知道”的诚实品格。不懂装懂是成功者之大忌。

一个诚实的人在日常生活中表现出真诚、坦率，这种品格是一种永久性成功或者超级成功的强大生命力。因此在成功之路上走弯路，遭挫折，犯错误，并不可怕。重要的是在事实和科学面前要有诚实的态度，这样才能讲信誉，才能获取真正的成功。

品悟人生

优秀的人在追求成功的道路上，从来不给别人留下不诚实和不守信誉的印象。正如有人比喻的：信誉仿佛是条细线，一旦断了，想接起来，难上加难！

修名不如修德

自古至今，许多人往往喜欢追名逐利，而不去积攒德行。历史上许多大的灾祸，就是由此而引发的，正所谓“修名不如修德”，修名者往往身败名裂，而修德者可以独善其身。

郭子仪是唐朝战功赫赫的大将。想当初，郭子仪带兵平定安史之乱，击退吐蕃的入侵，在朝野都有很高的威望。而奸臣鱼朝恩却嫉恨郭子仪的功劳，他多次向皇帝进谗，百般诋毁他。

郭子仪面对诬陷，却是心平气和，没有一点怨愤的样子。他手下的将士认为他懦弱，对他说：“将军手握重兵，功高无比，如果不惩治那些小人，他们会更肆无忌惮了。只要您一声令下，我们就会杀了那些朝中小人，绝不连累将军。”

郭子仪制止了他们，说：“现在国家有难，我又担任军中统帅，责任重大。倘若随便发怒，和奸小相抗，敌人就会有机可乘了。自古就有忠有奸，我不能因为私怨而坏了国家大事啊，请你们明白我的苦心。”

郭子仪高风亮节，鱼朝恩却认为他软弱可欺，他对自己的死党说：“郭子仪不过是个武夫，他只会行军打仗，哪里懂得什么权谋？他现在不敢喊冤叫屈分明是怕了，只要再加把劲他就要完蛋了。”

一次，郭子仪小有失误，鱼朝恩便诬陷他用兵不利，结果朝廷夺了他的兵权，把他召回朝中，改任闲职。人们为他感到不平，郭子仪反倒安慰众人说：“我出征在外多年，回朝正好可以歇息调养，这并不是件坏事，你们应该为我高兴才是啊！”

郭子仪的儿子心中愤怒，他对父亲说：“奸人变本加厉，现在父亲的兵权也没有了，难道父亲还要忍吗？父亲如果当初和他们对着干，就不会落到这步田地。”

郭子仪教训儿子说：“我身为统帅，皇上总是放心不下的。奸人害我，因为奸人深受皇上的信任，他们这才敢对我下手。我若不加忍耐，事情只会更坏。他们苦苦相逼，就是让我走入他们的圈套啊！”

郭子仪猜想得一点不错，鱼朝恩等人就是想逼迫他抗争，他们好借机把郭子仪置于死地。郭子仪没有上当，躲过了大的劫难。

后来，鱼朝恩又派人挖了郭子仪的祖坟，郭子仪还是忍住了。鱼朝恩气急败坏，始终无法除掉他。

做人一定要懂得，少给他人更多攻击自己的借口；不给他人任何报复的机会，在无声无息间消灾避祸。

品悟人生

在现世生活中，不争名不逐利，洁身自好、修养好自己的品德，这是获得人脉的良药。

慈悲是化解仇恨的良药

城里有一对冤家，一个叫加里曼，住在城的西头，是城里最有名的律师；一个叫理查得，住在城的东头，是城里最有名的法官。每当城里有什么案子，总是理查得负责审判，加里曼负责为人辩护。两人从来都是针尖对麦芒，你一言我一语，各不相让。长期下来，两人由于工作上的冲突逐渐演变成个人的恩怨，最后竟如同仇敌一般。

加里曼和理查得在乡下都有土地，而且紧挨着，纠纷不断。两人在城里又都有店铺，加里曼开的是药店，而理查得开的是棺材铺，两个人就如同前世的冤家，在今世又重逢。

有一天，海外的一艘商船路过这里。从船上传出这样一个消息，说在离这里9天路程的一个孤岛上，发现了一种新的树木，如果把它用做药材，能够使人起死回生；如果用它来做棺材，死人的尸体永不腐烂，而且面色红润，栩栩如生。

加里曼和理查得都听说了这个消息，两个人惟恐对方先得到，纷纷赶往码头，准备出海去买这种树。结果两人几乎同时到达码头。可是，两个仇人说什么也不肯坐在一条船上，两个人便坐在码头上“打起了”心理战，盼望着把对方耗走。

就这样，从日出等到日落，两个人谁也不走。而且都吩咐仆人回家取来吃的、穿的，甚至连被褥都拿来，准备夜战。

从日落又等到日出，两个人熬了整整一夜。眼看着码头上出海的船只越来越少，最后只剩下一条小船，两个人对望了一眼，无奈地登上这只小船。加里曼坐在船头，理查得坐在船尾，互不干扰。

小船起航了，驶向神秘的孤岛。小船行驶到第三天，海上起了大风暴，狂风裹着巨浪排山倒海般地向小船袭来。这汪洋里的一叶孤舟眼看就要倾覆了。这时，加里曼问水手，船的哪一头先沉，水手回答说，是船尾。加里曼兴奋地说："我将看到我的仇人比我先死，死亡对我来说就没有什么痛苦了。"

而此刻，理查得也在问船尾的水手，船的哪一头先沉，水手告诉他，船头先沉。

加里曼高兴地说："如果能够看到我的仇人比我先死，我就不后悔出这趟海。"

两个人正说着，一个巨浪打来，小船骤然翻了过来，加里曼和理查得双双落入汪洋大海之中。

仇恨会让人失去心智，做出疯狂的举动，结果是害人害己。俗话说"退一步海阔天空"，当你付出宽容，你得到的将是良好的人脉圈。

古希腊神话中有一位大英雄叫海格里斯。一天他走在崎岖的山路上发现脚边有个袋子似的东西很碍脚，海格里斯踩了那东西一脚，谁知那东西不但没被踩破，反而膨胀起来，加倍地扩大着。海格里斯恼羞成怒，拔起一颗碗口粗的小树砸它，不料，那东西竟然长大到把路堵死了。正在这时，山中走出一位圣人，对海格里斯说："朋友，快别动它，忘了它，离开它远去吧！它叫仇恨袋，你不犯它，它便小如当初；你侵犯它，它就会膨胀起来，挡住你的路，与你敌对到底！"

生活中，一个人难免与别人发生摩擦、误会甚至仇恨，如若斤斤计较，任由怨恨的情绪滋生膨胀，便走进了死胡同，永远不能到达成功的彼岸。

品悟人生

退一步海阔天空。多一份宽容，少一份摩擦，生活的道路会越来越宽。

谦虚处世，隆重之德

谦恭不是一种故意做作出来的姿态，而是一个人内在品德和修养的高度表现。它不因学问博雅而骄傲自大，也不因地位显赫而处优独尊，相反，谦恭者学问愈深愈能虚心谨慎，地位愈高愈能以礼待人。谦恭不是卑下，也不是软弱，更不是无能。谦恭是一种情韵，是一种境界，是一种气质。谦恭也是一种修养，那种脸上没文化、肚里无墨水的鲁夫莽汉是不会谦恭的。与谦恭者在一起，像领略风光美丽的大自然，让你流连忘返；像喝陈年老酒，让你回味无穷；像诵读一首气韵十足的诗歌，让你掩卷长思。

而有些人的所作所为却让我们很失望，他们不知天高地厚，妄自尊大，就如井底的蛤蟆一样令人生厌。

春秋时代，有一天，楚国一位学识渊博的老先生正和弟子们聚在一起聊天。一位其父相当富有的弟子，趾高气扬地面向所有的同学炫耀：他家在郊外的一个村镇旁拥有一望无边的肥沃土地。

当他口若悬河大肆吹嘘的时候，一直在其身旁不动声色的老先生拿出了一张包括诸多国家在内的一张大地图，然后说："麻烦你指给我看看，楚国在哪里？"

"这一大片全是。"学生指着地图扬扬得意地回答。

"很好！那么，京都在哪里？"老先生又问。

学生挪着手指在地图上找出来，但和整个楚国相比，的确是太小了。

"你所说的那个村镇在哪儿?"老先生又问。

"那个村镇，这就更小了，好像是在这儿。"学生指着地图上的一个小点说。

最后，老先生看着他说："现在，请你再指给我看看，你家那块一望无边的肥沃土地在哪里?"

学生急得满头大汗，当然还是找不到。他家那块一望无边的肥沃土地在地图上连个影子也没有。他很尴尬又很觉悟地回答道："对不起，我找不到!"

这就是了，任何人所拥有的一切，与有大美而不言的天地相比，与浩瀚无际的宇宙相比，都不过沧海一粟，实在是微不足道。从历史的长河来看，不管我们拥有什么、拥有多少、拥有多久，都只不过是拥有极其渺小的瞬间。人誉我谦，又增一美；自夸自败，又增一毁。无论何时何地，我们永远都要保持一颗谦恭的心。

我们通常所说的谦虚是两种：自知之明和谦恭。自知之明是智者的标志之一，太多的人由于没有自知之明而贻笑大方，但是自知之明直接的受益者是自己。所以，在这里我们更看重的是谦恭。谦恭跟傲慢一样是在人际互动中表现出来的，但是方向正好相反，谦恭是一种优良的品格。谦恭首先应具有自知之明，知道自己目前的地位和条件。如果有优于别人之处，都是暂时的和相对的；如果不保持努力我们会朝向下的方向滑行，甚至前功尽弃；如果别人努力，很快能在这些方面超过自己。

爱因斯坦是20世纪世界上最伟大的科学家之一。他的相对论以及他在物理学界其他方面的研究成果，留给我们的是一笔取之不尽、用之不完的财富。然而，即使成功的他，也还是在有生之年不断地学习、研究，活到老，学到老。

有人去问爱因斯坦，说："您老可谓是物理学界空前绝后的人才了，何必还要孜孜不倦地学习呢，何不舒舒服服地休息呢?"爱因斯坦并没有立即回答他这个问题，而是找来一支笔、一张纸，在纸上画了一个大圆和一个小圆，对那个人说："在目前情况下，在物理学这个领域里可能是我比你懂得略多一些。正如你所知的是这个小圆，我所知的是这个大圆，然而整个物理学知识是无边无际的。对于小圆，它的周长小，即与未知领域的接触面小，他感受到自己的未知少；而大圆与外界接触的这一周长大，所以更感到自己的未知东西多，会更加努力地去探索。"

这是多么好的一个比喻，深刻地阐述了谦虚的内涵！

谦虚态度和强烈的求知欲，叫人敬仰；自我感觉良好、自以为知之甚多者，则恰恰给人一个无知的印象。

品悟人生

承认自己无知、少知为智者之举。